여행,
살아보는
거야

단순하게 느리게 에티오피아
여행, 살아보는 거야

맹선아

알비

프롤로그

악 소리를 질렀다. 나 진짜, 진짜 가는 거야? 진짜로? 생각보다 빠른 출국 일정에, 하루하루 출발 일이 다가올수록 기대 반, 걱정 반, 설렘 반, 무서움 반으로 내 맘속에 동그란 바퀴가 굴러다녔다. 개인적으로 세 번이나 다녀온 에티오피아여서 나름대로 적응이 되고 익숙한 나라였지만, 이번엔 달랐다. 2년이라는 시간 동안 가족과 친구들, 한국에서의 익숙한 모든 것을 내려놓고 '삶의 터전'을 떠나야 하므로 자꾸만 뒤를 돌아보게 됐다.

남들이 보기에 안정적인 연구소 생활을 그만둔다고 했을 때, 엄마와 고민을 많이 나눴고 서로 언성이 높아지는 날도 많았다. 주위에서도 걱정하는 목소리가 있었지만 정말 '내가 원하는 길'을 가고 싶다고 한 나의 선택이니까. 엄마도 나의 선택을 믿고, 기도로 뒷받침해주었다. 물론 주위에서도 진심으로 응원했다.

사실, 오래전부터 꿈꿔왔고 인생에서 한 번쯤 시도하고 싶었던 일이었다. 좀 더 자유롭게, 장기적으로 어떤 한 나라의 문화를 배우며 에티오피아 사람들과 소통하고 싶었다. 그걸 내가 지금 하게 되다니! 벅차기도 했지만 무서웠던 건 사실이다. 밥도, 반찬도, 할 줄 아는 게 하나도 없는 데 가서 굶어 죽진 않으려나.

내가 가 있는 동안 테러는 안 나려나. 등등 별별 걱정이 다 되었지만, 그런 생각들은 잠시 스쳐 지나갈 뿐, 시간이 갈수록 될 대로 되라! 어떻게든 먹고 살겠지라는 담담함이 가득 차올랐다.

지금 생각해보면 어디서 그런 깡다구가 나왔는지 참. 25살의 젊은 패기였나. '여자애가 참 겁도 없다'라는 괜히 기분 좋은 말을 들어가며 준비하고 결정한 에티오피아行이었다.

여행하며 느꼈던 에티오피아는 아프리카 국가인데 왠지 아프리카 느낌이 나지 않았다. 아마 내가 그때 생각했던, 그리고 누구나 아프리카 하면 생각하는 동물들과 드넓은 초원, 강렬하고 녹아 내릴듯한 더위를 가진 나라는 아니여서 인 것 같다.

KOICA(한국국제협력단)로 파견되어 에티오피아 땅에 도착해서 한 달, 반년, 일 년을 지내면서, 여행했을 때 놓친 풍경들을 보게 되니 사람 사는 모습은 어딜 가나 비슷하다는 생각이 들었다. 같은 사람으로 부대끼면서 동질감도 많이 느꼈다.

나의 일상을 통해 독자 여러분도 에티오피아라는 먼 나라의 문화와 역사, 일상 등을 함께 느껴보았으면 하는 바람이다.

차례

프롤로그 · 004
에필로그 · 252

Ⅰ · 커피 세리머니
태연한 척, 아닌 척 · 10
완전히 속았다 · 12
똑똑 노크 소리 · 15
귀한 소리 · 18
반짝하고 빛나는 별들 사이로 · 21
에티오피아에서만 느낄 수 있는 매력 · 23
서글픈 건 마찬가지 · 26
커피 세리머니 coffee ceremony · 29
토모카 TOMOCA · 36
여유의 한마디 · 40
혼자가 익숙해지는 시간 · 43
꼬마 도마뱀 · 46
위로 받는 날 · 50
사랑 그리고 관심 · 53
미안하다는 말 한마디 · 56
코에 바람 넣는 날 · 59
역시, 함께해줘서 고마워 · 63
새로운 만남의 장소 · 65

Ⅱ · 같은 하늘, 다른 삶
고베즈, 고베즈 · 70
특별한 마음의 위로 · 73
갈증 해소 · 76
힘내 당나귀 · 78
제말 Jemal · 81
과욕은 금물 · 84
바흐다르 Bahir Dar · 86
물을 보고 살아야 한다 · 89
곤다르 Gondar · 91
벌라스 · 96
수면 양말 · 99
혼자만의 시간 · 101
그리움의 목소리 · 105
같은 하늘 다른 삶 · 110
정서적인 교감이 필요한 시간 · 115
김밥 떡볶이 자장면 · 118
내 이름은 Suna Wouters · 121
에티오피아 자매 친구 · 124
사랑의 정의 그리고 가치 · 128
너로 인해 누군가는 · 130

Ⅲ • 간절함의 깊이

KALDIS COFFEE · 134
닭 잡던 날 · 140
같이의 가치 · 142
간절함의 깊이 · 146
단식 · 148
불청객과 술래잡기 · 150
외국인이라 서러운 날 · 152
랄리벨라 Lalibela · 155
악숨 Axum · 164
함바샤, 생일날 먹는 빵 · 169
믹스주스 mixed juice · 172
특유의 리듬 · 176
온갖 소리들의 집합소 · 179
데브라 자이트 Debre zayt · 182
새삼, 어머니의 존재감이 · 186
하드구 아저씨 · 193

Ⅳ • 점점 스며들다

정(情)의 연결고리 · 198
손톱 달 · 202
행복 · 203
점점 스며들다 · 204
여전히 이해하기 힘든 문화 · 208
언니 그리고 동생 · 211
마키아토 · 214
함께하기 좋았던 날 · 218
꼰조 꼰조 · 222
따스하고 차분했던 날 · 223
아셴다 · 225
teacher, Suna! · 228
샤크라뜹스 · 231
힘 있는 위로 · 233
커피 앤 수다 · 235
어떤 위로보다 따뜻한 위로 · 238
Shalom 쌀람 · 241
해피 뉴이어 · 242
차오차오, 에티오피아 · 245
따뜻한 담요 · 248
웃어줘서 고마워 · 251

우정의
표시,

커피
세리머니

I · 커피 세리머니

태연한 척,

아닌 척

처음 에티오피아에 왔을 때는 마냥 신기했다. 내가 드디어 아프리카 땅을 밟아 보는 것이냐는 낯선 긴장감에 설렘과 기대감으로 방방 뛰었다.

두 번째는 처음 왔을 때 보지 못했던 풍경들이 눈에 들어왔고, 세 번째는 조금 더 익숙해져 에티오피아 특유의 냄새를 느끼고, 사람들의 모습들을(공항 직원들, 여행객들의 눈빛들) 즐길 수 있는 여유로움이 생겼다.

그런데 2015년 11월 30일 긴 시간을 이곳에서 살 생각을 하고 아디스아바바 공항에 도착했을 때는 갑자기 몰려드는 두려움에 우울해졌었다. 솔직히 말하면 그냥 눈을 감고 피하고 싶었다. 내가 여기 와 있는 것을 부정하고 싶었다랄까.

무려 세 번이나 왔었던 곳이기에 이곳에서의 삶에 자신이 있었는데, 갑자기 그런 자신감은 어디 가고 모든 것

이 두려워졌다. 이곳에서의 삶이 어떨 거라는, 어떻게 살아야 한다는 걸 알고 있어서 그랬을까. 태연한 척 아닌 척, 한편으론 그런 생각도 했다. 아예 모르는 곳이었으면 막연한 기대감이 가득했을지도 모른다.

공항 밖으로 나오니 파란 하늘과 눈부신 햇살, 낯설지 않은 에티오피아 사람들의 눈빛이 나를 반겨주었다. 다소 정신없는 일정에 깊게 생각할 시간이 없어서인지, 앞으로의 생활에 조금은 용기가 생긴 것 같다.

여행, 살아보는 거야

에티오피아에 집을 얻기까지 마음고생이 많이 있었다. 밖에서 봤을 때는 집 상태도 괜찮은 것 같고, 넓은 마당에 2층으로 된 집이라 내가 편하게 지낼 수 있을 것 같았다.

완전히 속았다

그런데 내부가 너무 지저분해 정리를 부탁했고, 없는 물건들이나 못 쓸 가구들이 많아 새것으로 교체해 달라 했다. 또 담이 낮아 불안하니 높여달라고 요청을 했고 집주인에게 흔쾌히 허락을 받았다.

문제는 매일 가서 체크를 해도 진척이 없다는 것이다. 호텔 생활이 길어진 이유도 여기에 있었다. 전화해서 보채도 이 사람은 천하태평이다.

그러면서 하는 말,
"내가 다 해줬는데 네가 집 계약 안 하면, 난 어떻게 해?"
"나 그 집에서 살고 싶으니까 빨리해줘"
이런 대화가 2주 이상이었다.

환장할 노릇이었다. 결국엔 내가 '다음 주까지 공사 안 해놓으면, 진짜 다른 집 알아볼 거고 계약 절대 안 해'라고 이야기하니 그제야 공사를 시작했다.

그렇지만 시간이 지날수록 하나하나 발견되는 문제점들에 지쳐갔다. 겉만 번지르, 속은 무너져 내리는 문제투성이다. 완전히 속았다.

한 달 동안의 호텔 생활이 끝나던 날. 방에서 간단하게 끼니를 때우고 있는데, 똑똑 노크 소리에 힐끔 문 열어 보니, 매니저가 저녁 식사 초대하고 싶은데, 30분 뒤에 내려오라고 한다. 오래되는 호텔 생활에 내 집 같지 않은 불편함, 낯선 에티오피아 사람들의 시선 등으로 인해 심신이 불안정하고 모든 게 귀찮은(?) 상태였다. 왜 내려 오라는 거야 하며 타박타박 걸어 내려갔는데, 나의 불편한 마음이 한순간에 무너져 내리는 순간이었다.
너의 송별회를 준비했다며, 호텔 로비 전체를 온전히 나와 스태프들만이 즐길 수 있게끔 꾸며놓고 있었다. 식사도 호텔 스태프들이 할 수 있는 최대한 맛 좋고 비싼 음식들로 대접해주었다.

똑똑

노크
소리

이런 송별회에 익숙치 않은 나는 제자리에서 눈만 끔뻑 끔뻑하며 바라만 보고 있었더니, 스태프들이 웃으며 편하게 해주었고 그 모습에 나도 살살 녹았다. 한참 분위기가 무르익었고, 우리는 서로에게 맘에 들었던 부분, 맘에 들지 않아 불만이었던 부분, 오해했었던 부분들, 앞으로의 다짐(?)을 공유하는 이야기로 시간을 보냈고, 사진도 찍으며 즐겁게 보냈다.

늘 내 이름을 불러주며 좋은 하루 보내라고, 보냈냐고, 오늘 하루 어땠냐고, 모든 것을 낯설어하던 나에게 먼저 손 내밀며 도와줬던 호텔 스태프들. 이사하고 난 후에도 직원들의 마음을 잊지 않으려고 종종 호텔을 찾아가 직원들과 간단한 인사를 나누며 지냈다.

| 귀한 소리 | 긴 호텔 생활 끝에 나만의 공간이 생겼다. 다른 시선에서 벗어나 눈치 안 보고 두 다리 쭉 뻗으며, 공간을 만끽할 수 있게 되었다.

햇빛이 방 안으로 들어오는 시간에 침대에 누워 책을 보거나, 열어놓은 창문으로 들어오는 시원한 바람을 맞는 건 참 기분 좋은 일이다.

바람에 나무가 흔들리며 나뭇잎들끼리 부딪히며 내는 소리, 사람들의 걸음 소리, 드문드문 들려오는 당나귀 울음소리, 양과 염소, 소의 울음소리, 마차를 끄는 말의 말굽 소리, 옆집의 앞집에서 커피 빻는 소리, 멀리서 들려오는 무슬림 또는 정교회에서 스피커를 통해 나오는 기도 소리. 때를 맞춰 울리는 학교 종소리.

서울에서는 소음으로 혹은 분주함으로 자연의 소리나 개성 있는 소리를 듣기가 매우 힘들었다. 처음 느껴보는 상황에 어색하기도 하고 설레기도 한다.
밤에는 또 다른 소리가 등장한다. 낮에 실컷 자고 일어나 활동을 시작하는 개의 울음소리, 어디 동산에 숨어있다가 동네로 내려와 먹이 찾는 하이에나 울음소리. 가끔 개와 하이에나가 싸움 붙은 소리에 오늘은 누가 이기려나 생각하면서 자기도 한다.

정전이라도 되면 전기소리가 들리지 않아 동네가 조용해져서 고요함 속에서 나오는 모든 소리를 집중할 수 있다. 한동안은 그랬다. 그저 가만히 누워 이 동네에서 나는 소리에만 집중했다. 이곳에서만 들을 수 있는 귀한 소리다.

여행, 살아보는 거야

해발 2,300m에서 마주하는 하늘, 손만 뻗으면 잡힐 것 같은 구름, 유난히 에티오피아에서는 하늘 볼 날이 많았다. 워낙 하늘이 예뻐서인가?
한국에서는 하늘을 가리는 높은 건물들과 바삐 움직여야 하는 일상 때문에 '땅'을 마주하는 일이 많았던 것 같은데 이곳에서는 '하늘'을 마주하는 일이 많다. 높은 건물이 없으니 그냥 정면을 보고 있는데도 하늘이다.

어딘가 가만히 앉아서 하늘만 바라보며 구름의 변화를 보는 게 좋았다. 핸드폰 타임랩스를 작동시켜 보지 않아도 내 눈으로 서서히 움직이는 구름을 보는 게 더 좋았다. 귀여운 모양을 가진 구름 어디 없나 하고 둘러보기도 하고.

반짝하고
빛나는

별들
사이로

밤이 되면 파랬던 하늘이 까만 하늘이 되고, 큐빅처럼 빛나는 별이 나타난다. 온 동네가 정전되는 날엔, 그 별빛이 더 도드라져 쏟아질 것만 같았다. 손을 뻗으면 별을 딸 수 있을 것 같아 손을 들어 허공을 휙 저어보기도 했다.
또 가만히 앉아 밤하늘을 바라보고 있으면 여기저기서 반짝하고 빛나는 별들 덕에 간신히 누르고 있던 감성이 툭 튀어 올라와 보고 싶은 사람들 얼굴도 반짝하고.

"아씨 이 프로펠러 내가 이럴 줄 알았다고"
국내선 비행기를 탔는데 이대로 추락하는 건 아닌지 가슴을 졸여야 했다. 웬만해선 비행기 멀미를 하지 않는 내가 팔받침 대를 꽉 붙잡으며 악으로 버텼다. 옆에 앉은 에티오피아 사람도 두려웠는지 연신 받침대를 쥐락펴락하고 으 으 거리며 한숨을 내쉰다. 처음이었다. 이런 상황. 그래도 무사히 착륙했다.

아프리카 국가 중에서 국적기를 가지고 여러 나라를 취항하고 있는 국가가 몇 안 되는 데 그 중 한 곳이 에티오피아다. 게다가 국내선도 가지고 있는 곳은 더 드물다. 국내선 비행기는 프로펠러 비행기다.

에티오피아에서만

느낄 수 있는

매력

난생처음 타보는 프로펠러 비행기였고, 그 처음이 에티오피아에서라니 굉장한 기대감 혹은 불안감으로 몸을 실었다. 왼편 오른편 각 2자리씩 26번 정도까지 있는 아주 작고 좁은 내부, 특유의 에티오피아 냄새도 배어 있었다.

어떤 날은 비행기를 탔는데, 안전벨트가 낡아서 끈이 잘려져 있었다. 당황한 승객에게 승무원은 느긋하게 대처를 한다. 새 끈으로 그냥 묶으라며 손에 쥐여준다.

그렇지, 여긴 에티오피아지. 에티오피아에서만 느낄 수 있는 매력(?)인 셈이다.

서글픈
건

마찬가지

아드와는 수도 아디스아바바와는 또 다른 느낌의 풍경이 있다. 마차, 양, 염소, 소, 당나귀, 닭 등 온갖 가축들이 사람과 같이 길거리에서 통행한다. 걷고, 달리고, 뛰고. 가축들이 도로를 점령하면, 바자지와 차들은 그들이 안전하게 비켜 갈 때까지 느긋하게 멈추고 기다려준다. 사실, 불편한 적도 많았다. 목적지에 늦지 않게 가야 하는데 차들이 비켜가지 않고, 가축들이 빠질 때까지 기다려주고 있으니 복장이 터지는 날들도 허다했다.

그래도 에티오피아 사람들끼리는 가축들이 서로의 생계수단이라는 걸 알기에, 이해하고 배려하며 가축들이 다치지 않게 잘 비켜가고 기다려준다.

아침부터 양 울음소리가 동네에 가득했다. 나가보니 내 집 앞 무성히 자란 풀을 뜯으러 모이는 가축들. 그래, 맘껏 먹고 뛰 놀자.

그런데 힘없어 보이는 말 한마리가 또각또각 서성이며 풀을 뜯는다. 주인도 없는 듯하다. 수명이 다해가는 말은 말 주인이 이제 자유롭게 돌아다니다가 좋은 곳으로 가라는 의미로 풀어준다는 얘기가 생각이 났다. 새끼 때부터 늙을 때까지 함께 했었는데 이제 헤어지려니 말도, 주인도 서로 많이 섭섭할 것 같다. 이별 앞에서 짐승도 사람도 서글픈 건 마찬가지다.

에티오피아에서 커피란 단순한 음료가 아니다. 식사 후에 마시고, 귀한 손님에게 대접하고, 특별한 행사에서, 혹은 우정의 표시로 세리머니를 한다. 그래서 에티오피아 사람 집을 방문하게 되면, 꼭 커피 세리머니를 해주고 커피를 권한다. 괜찮다고 사양해도 대접하는 것이 예의라며 행동이 빨라진다.

생두를 깨끗이 씻어 껍질을 벗긴 후 로스팅 전용 팬에 넣고 작은 화로에서 로스팅한다. 초콜릿 색으로 잘 볶아진 원두를 사람들에게 향을 맡아보라며 시향을 해주기도 한다. 로스팅한 원두를 작은 절구에 빻고, '제베나'라는 전통 주전자에 가루를 넣고 물을 넣어 가루가 가라앉을 때까지 끓인다. 커피 세리머니를 할 때는 '은딴'이

커피
세리머니

coffee - ceremony

라는 향을 피우는데, 신성한 행위라는 의식이다. 이렇게 다 된 커피를 석 잔 권하는데, 첫 번째 잔은 '맛'을, 두 번째 잔은 '행운'을, 세 번째 잔은 '축복'을 의미한다.
그리고 커피와 함께 준비해주는 것은 다름 아닌 '팝콘'이다. 달콤한 버터맛은 아니지만, 따끈따끈하게 튀긴 후 설탕을 솔솔 뿌려놓은 팝콘은 그 자리에서 뚝딱 해치울 만큼 감미롭다.

에티오피아에서는 거리에 앉아 커피 마시는 사람들의 모습도 흔하게 볼 수 있다.
길거리에서 마시는 커피는 보통 5birr, 한화 약 250원(지역마다 차이가 있음) 정도인데, 한 잔씩 마시며 옆 사람

과 인사를 하거나 대화를 하며 시간을 보내기도 한다.
나 역시 퇴근하고 집에 오는 길에, 잠시 쉬고 싶거나 집에 일찍 들어가기 싫은 날에는 잘 찾아가는 길거리 가게가 있다. 형식적인 대화지만, 앉아서 서로 웃으며 이야기를 나누는 그 시간이 정겹고 좋았다.
현지어로 대화를 나누며 모르는 단어가 생기면 알려주면서 새롭게 알아가기도 한다.

한국과 전혀 다른(물론 카페에서 지인들과 이야기 나누는 모습들은 비슷하지만) 에티오피아만의 커피 문화는 귀국한 지금도 많이 생각나고 그리운 문화 중 하나다.

토모카

TOMOCA

아디스아바바(ADDIS ABABA)의 사르벳에 위치하는 카페 TOMOCA는 사람들로 늘 북적거린다. 아침, 점심, 저녁 상관없이. 에티오피아 사람들은 이곳을 좋아한다.
사람들로 북적거리는 통에 입구 앞에서 잠시 머뭇거리는데, 카페 안에서 나를 보고 있던 에티오피아 사람이 싱긋 웃으며 커피잔을 들고 cheers를 해주는 바람에 끌려 들어갔다.

작은 내부에 커피 향이 가득하고, 커피 내리는 머신 소리가 쉴 새 없이 요란하다. 바삐 움직이는 바리스타들, '마키아토 한잔요' 주문을 하면 번호표를 준다. 좌석은 없다. 스탠딩테이블이 몇 개, 몇 안 되는 스탠딩테이블

카페여서 낯설면서도 신기하다. 서서 같이 대화를 나누며 혹은 혼자 와서 훌쩍 마시고 발걸음을 재촉하는 사람들이 보인다.
오래된 곳이어서 그럴까, 익숙하고 편한 곳이어서 사람들이 많이 찾는다. 나도 마키아토 한 잔을 주문한 후 테이블 한쪽 귀퉁이에 자리를 잡았다.

서서 커피를 마시며 사람들을 구경하는 재미에 빠졌다. 한국이든 에티오피아든 커피 마시는 사람들의 모습은 똑같다. 전화하는 목소리, 테이블에 번호표 부딪히는 소리, 비딱하게 한 다리로 지탱하다가 다른 다리로 바꾸는

모습, 뜨겁게 갓 내려져 나온 커피, 후루룹 내는 소리까지.

TOMOCA 커피 맛은 굉장히 세서, 마키아토에 설탕 듬뿍 넣어 휘휘 몇 번 젓고 마셔야 한다.

천천히 마시면서 주변 사람들의 대화를 엿들어본다. 나름 언어를 한창 배우고 있는지라 아는 단어들과 문장이라도 나오면 속으로 오오 나 알아들었어! 대충 이런 대화를 하는구나. 라며 뿌듯했다.

| 여유의 한마디 | 에티오피아인들은 no problem이라는 말을 참 잘한다. 아니, 좋아한다는 표현이 맞는 것 같다. 답답해 미치겠는데 그런 날 두고, 'it's okay, 찌끄리 옐름, Suna' 지금 문제가 생겼는데 뭐가 괜찮다는 거야? |

약속시간이 훨씬 지나가는데도 전화해보면 금방 온다고 또 '찌끄리 옐름', 돌 맞아서 나는 아파 죽겠는데 옆에서 친구는 '찌끄리 옐름', 전기가 나가서 혹은 단수가 되어 일상이 불편한데도 기다리면 된다고 '찌끄리 옐름', 급한 문제 앞에서도 '찌끄리 옐름' 도통 이해가 되지 않는다.

에티오피아에 온 지 반년이 지나가면서 여유가 생겼다. 좋게 말하면 여유로운, 나쁘게 말하면 나태한 태도에 나도 당황해 하지 않고 'OK, no problem', '찌끄리 옐름'이라고 능청스럽게 말할 수 있는 여유가 말이다.

그래, 살면서 이보다 더한 문제들이 많을 텐데 좀 늦는 것쯤이야, 좀 배고픈 것쯤이야, 좀 불편한 것쯤이야, 좀 없는 것쯤이야 하는 여유.

갑작스럽게 우울함과 고독함이 밀물처럼 확 밀려올 때가 있다. 그럴 때마다 사무치게 외로운 감정들이 나를 괴롭힌다.

한국에서는 친구들을 만나 세상 뒤집어지게 깔깔대며 수다를 떨어 풀 텐데, 여기에서는 같이 떠들어 줄 가족도 친구도 없다. 정말이지 홀로 내팽겨쳐져 있는 그런 기분이다.

메신저로 엄마나 친구들과 대화를 하며 토로를 해도 풀리지 않는다. 잠시 전화할 때만 채워질 뿐, 썰물처럼 금방 획 하고 빠져나간다. 밥을 먹어도 배가 고팠다. 고봉

혼자가

익숙해지는

시간

밥처럼 퍼놓고 고삐 풀린 망아지처럼 먹어도 말이다.

집에 들어와 날 위협하는 벌레와 싸움, 마당에 철퍼덕 앉아서 손빨래나 요리나 청소 같은 집안일, 기관에서 해야 할 일, 끙끙대며 힘써야 할 일 등을 하고 나면 배터리가 방전된 핸드폰처럼 축 늘어지면서 고독함, 쓸쓸함이 밀려온다. 어딘지 모르게 텅 빈 공허한 느낌도 함께 온다.

나 자신이 마치 영화 'Her'의 남자주인공 같았다. OS 프로그램인 사만다에게 의존하는 테오도르처럼, 사람만이 채워줄 수 있는 감정을 어느 순간 다른 것에 의지하게 되니, 마음이 텅 베어질 수밖에 없는 것을 발견하곤 했다.

이런저런 상황 속에서 함께 감정을 나눌 사람 없이, 혼자 고독함과 싸워가며 감당해야 했던 날들. 아마도 혼자서 해야 하는 것들이 익숙해져 가는 시기였나보다.

꼬마

도마뱀

주방을 왔다 갔다 하는데 자꾸 신경이 쓰이는 원인을 알게 되었다. 냉장고와 벽 사이에 뭔가 있다. 바퀴벌레면 어쩌지? 하고 두려운 눈으로 살짝 보니 웬걸 쪼끄마한 도마뱀이다. 어쩐지 요즘 주방에 벌레가 안 보인다 했다. 녀석, 너였구나! 처음 집에서 나오는 벌레란 벌레는 너무 끔찍하고 소름 돋게 싫었다. 이 녀석은 벌레 없애주니까 합격.

오늘부터 우린 친구다. 어디 가지마. 주방을 돌아다니며 벌레를 먹어줘! 처음 만났을 땐 얇고 작았는데, 반년이 지나고 보니 제법 통통해지고 커졌다. 우리 집을 안 떠나고 있는 거 보니 너의 먹이가 이 주방에 은근 많구나?

나의 보디가드 겸 동네친구 전도사님 Tesfay(테스파이), 테스파이와의 첫 만남은 이렇다. 호텔 생활을 하면서 집을 알아보러 다니는데, 내 발품만으로는 도저히 안 될듯 하여 정 붙일 현지교회를 찾아 교회에 가서 예배를 드리고 '집 알아보러 다니는데 너무 힘들어'하고 어떤 사람을 붙잡고 하소연을 했다. 그 친구가 테스파이다.

날 위해 많이 기도해준 친구, 마주치며 인사 할 때마다 축복의 말을 해주는 친구, 심심할 때 불러서 같이 커피 마시고, 차 마시고, 주스 마시는 친구다.

현지어도 이 친구에게 많은 도움을 받았다. 게다가 1:1 맞춤 바이블 클래스까지!

집을 얻고 이사한 후 대청소도 먼저 나서서 도와주고, 대가를 바라지 않고 그저 묵묵히 남의 일을 내 일처럼 하는, 보기 드문 좋은 친구다.

우리의

밝은
빛

한번은, 내가 아디스아바바에 갈 일이 있어서 며칠 동네를 비울 때가 있었는데 동네로 돌아온 날, 며칠 동안 컴컴하게 있다가 내 방 불이 환하게 켜져 있는 걸 봤는지 저녁에 문자가 왔다.

"선아, 나 지금 네 집 지나고 있어. 저번 주 동안 너의 집을 지날 땐 빛이 없었는데, 오늘은 네가 돌아와 빛을 밝혀줘서 정말 기뻐. 하나님은 이 빛보다 영원토록 우리의 밝은 빛이실 거야 그렇지?"

순간 너무 벅차오르는 감격에, 당장에 내일 만나서 이야기 나누자! 하고 서로 보고 싶었다며 하루를 마무리한 기억이 있다.

위로
받는

날

우기 시즌이 시작된 에티오피아에서는 무지개를 쉽게 볼 수 있다. 공기 중의 물방울들과 햇빛의 만남.
특히 한국에서는 보기 힘든 쌍무지개를 이곳에서는 자주 볼 수 있다. 낯선 환경(적응 중이긴 하지만)에서 하루하루를 긴장 속에서 지내다가 소소하게 자연에서 받는 위로가 참 큰 힘이 된다.
소우기 때는 매일 비가 쏟아지고 나면 습관적으로 하늘을 둘러보며 무지개를 기다렸다. 보면 볼수록 신기하고 예쁜 무지개. 소우기에만 반짝하고 나타나는 무지개는 마치 봄에 벚꽃이 피고 지는 것처럼, 2~3주 정도만

모습을 드러내고 감춘다. 그래서 무지개를 더 기다렸는지 모른다. 다음 해의 소우기 때에만 볼 수 있을 테니까. 2~3주 동안 매일같이 무지개를 보다시피 했지만, 하루 빛이 없어 무지개를 보지 못하는 날은 하늘을 원망하기도 하고 매우 실망했다. 모든 일이 잘되고 좋으면 감사가 넘치다가 힘들고 지치는 날이면 감사함이 사라져버리는 것처럼. 대우기가 되면서 무지개는 보지 못했다.

　대우기 : 햇빛이 사라지고 세찬 돌풍과 시커먼 먹구름, 종일 우박과 함께 장대비가 쏟아지는 때.

여행, 살아보는 거야

나의 텃밭이자 채소 저장소, 수확하는 날은 쌈 싸 먹는 날이다. 엄마가 왔을 때 텃밭을 갈아 주셨다. 텃밭을 가꿀 수 있는 집에 사는 날 부러워하면서 얼갈이배추, 적상추, 상추, 열무를 심어주고 갔는데, 한창 우기 때라 그런지 별 관리를 안 해도, 하루가 다르게 쑥쑥 자라났다. 잡초 뽑는 게 귀찮으면서도 다 정리하고 나면 왠지 모를 뿌듯함에 아이들에게 한 번 더 눈이 갔다. 잘 자라고 있는 채소들 사진을 찍어 메신저로 엄마에게 보내면 연신 부러워했다.

사랑

그리고

관심

엄마가 한국으로 돌아가고 한두 달이 지나자 채소들이 이제는 제법 먹을 수 있을 정도로 폭풍 성장을 했다. 정말 무농약 상태의 자연 그대로, 갓 지은 밥에 아껴둔 참치 통조림 하나 따서 엄마의 쌈장을 곁들여 먹거나 그릇에 참기름을 넣어 비빔밥으로 먹으면 그 자리에서 뚝딱. 세상 부러울 반찬이 없다.

옆집 식구들에게도 상추 한 바구니 따서 가져다주면 엄청 좋아하고 잘 먹었다. 그런데 우기가 끝나고 다시 건기가 시작되면서 동네 물 사정이 점점 안 좋아지고 길어

지는 단수 때문에 텃밭관리가 잘되지 않았다. 관리를 해주지 않으니, 땅이 점점 말라가고 벌레 먹어 먹음직스러운 잎을 찾기가 어려워졌다.
급기야 손을 놔버려 이게 채소인지 잡초인지 모르겠는 상태가 되었다. 무엇이든 관리를 꾸준히 하기란 참 쉽지 않다. 사랑과 관심을 주지 않으면 관계에서든 관리에서든 시들시들해진다.

미안하다는

말

한마디

집에서 나오는 길이었다. 대문을 열자마자 역시나. 동네 초등학생들과 눈이 마주친다. 그리고 일제히 시작되는 목소리들. '짜이나!!!', '알리바바!!!', '빽x'. 무시하려다가 순간 열이 확 받아 녀석들이 갖고 놀던 공을 달려가서 빼앗았다. 당황한 기색이 역력해진 녀석들. 그 모습이 웃기면서도 괘씸해서 나는 씩씩대며 공을 팔과 허리에 낀 채로 내 갈 길을 걸어갔다. 내가 무서워서 가까이 오지는 못하고 멀리서만 소리친다.
"공 줘...!!!"
"싫은데? 와서 사과하면 줄 거야!!!!"

선뜻 다가오지 못하는 아이들을 보면서, 내가 너무했나? 싶어 걸으면서 곰곰이 생각해 봤다.
1년을 에티오피아 사람들과 지내면서, 'I'm sorry'라는 말을 들은 게 손에 꼽히는 것 같다. 아프리카 대륙 중에 외국의 지배를 안 받은 유일한 독립 국가, 솔로몬 왕의 후손이라는 믿음으로 자존감과 자부심이 매우 큰 에티오피아 사람. 그래서인지 자신이 잘못했는데도 미안하다는 말을 하지 않는다.
'처음엔 아니 뭐 이런 경우가 있나' 했지만, 역사를 알아

가고 문화를 알아갈수록 그러려니 싶다. 그 자리에 섰다. 한 아이가 다가온다.

"공 주라"
"먼저 미안하다고 해."
"…"
"안 하면 공 안 줄거야"
"미안해"
"응. 너랑 같이 있던 애들도 와서 사과해"

너네도 참 그래. 와서 미안하단 말 한마디 하고 달라고 하면 될 것을.

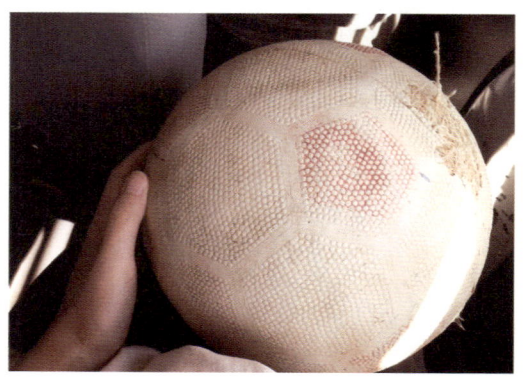

옷장을 보다가 맨날 입는 옷 또는 활동복 밖에 없길래 옷이 너무너무 사고 싶어 미칠 지경이 되었다.
한국에서는 우울하거나 뭔가 기분전환이 필요할 때 아이쇼핑이라도 할 수 있었지만, 이곳은 그럴 여건이 안되니 더욱 미칠 것만 같았다.

마침 친구가 옆 지역에 괜찮은 옷가게가 있다 해서 친구들과 미니버스를 타고 놀러 나갔다. 동네에서는 평소에 걷거나 바자지(툭툭이)를 타고 다니지만, 가끔씩 기분전환하고 싶어서 지역 이동을 하는 날에는 미니버스(봉고차 같은)를 타고 이동한다.

코에

바람 넣는 날

여행, 살아보는 거야

20분 정도를 달리면 악숨(AXUM)이라는 도시에 도착할 수 있다. 우리가 좋아하는 커피 가게에 가서 커피도 마시며 수다 떠는 것, 이렇게 노는 것이 지루하던 동네 생활의 일상에서 일탈이었다. 나에겐 큰 이벤트이자 스케줄이었던 셈이다.

평소엔 선크림만 바르고 다니다가 이런 날은 괜히 화장도 하고 이 옷 입어보고, 저 옷 입어보고 그랬다. 매일 보는 풍경을 잠깐 벗어나 코에 바람 넣는 날이다.

역시,   DUMERSO는 아디스아바바의 칼스퀘어에 위치하는 카페다. 아디스아바바에 갈 때면 들르는 카페 중 한 곳으로 한적하고 여유로운 분위기다.

함께해줘서

고마워   한번은 살짝 어두운 조명 탓에, 사람이 없는 줄 알고 구석 자리에 가서 엉덩이를 대고 앉으려다가 사람이 앉아 있어서 깜짝 놀랐다. 진짜 놀래서 대놓고 으악 소리를 질렀다.
당황하는 나의 모습을 본 모두가 빵 터졌다. 못 볼 걸 본 게 아닌데 괜히 앉아있는 사람에게 미안해서, 미안하다고 연신 사과하며 다른 좌석으로 발길을 돌렸었다.

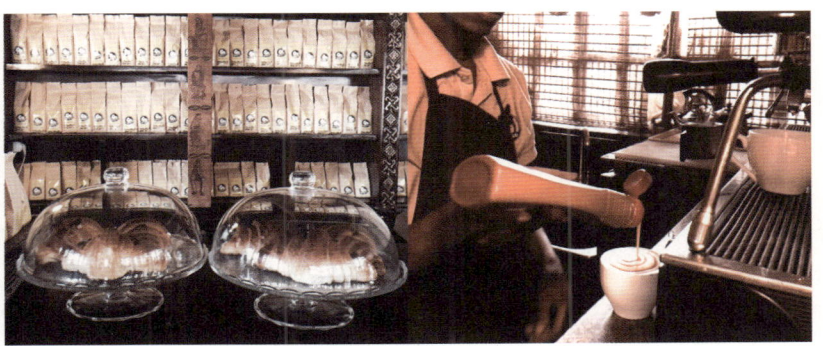

"캐러멜 마키아토 한 잔 주세요"

달콤한 커피를 마시고 싶을 때, 여유롭게 앉아 있다 가고 싶을 때, 선물용 커피를 사고 싶을 때 나는 이곳을 찾았다. 다른 곳과 달리 이곳은 커피 패킹이 종이로 되어 있다. 커피를 사서 지인들에게 나누어 줄 때, 패킹 종이에 펜으로 'OO아, 함께해줘서 고마워'와 같은 짤막한 인사를 써서 줬는데, 주는 사람도 받는 사람도 특별하게 느껴져서 참 좋았다. 뭐라고 적을까 고민하면서 그 사람과의 추억들을 생각해본다.

역시 '함께해줘서 고마워'가 제일 좋겠다.

MAMOKACHa는 아디스아바바의 KERA에 위치하는데 생긴 지 얼마 안 된, 꽤 고급스러운 인테리어의 커피숍이다. 이런 인테리어를 생각한 주인은 아마 외국물 먹고 들어온 사람이거나 외국인일 거야! 라고 생각이 되었다. 그다지 내부는 큰 편이 아니지만, 나름 오픈키친으로 되어있어서 요리과정을 볼 수 있다.
그래서인지 특히 외국인이 많이 보인다. 에티오피아인들만 보다가 다른 외국인을 보게 되면 반가워서 눈길이 간다. 에티오피아 사람들이 나를 보는 것처럼. 나도 외국인인데…….

새로운 만남의 장소

여행, 살아보는 거야

내게 이곳은, 새로운 만남의 장소였고 반가운 만남의 장소였다. 모든 만남은 늘 이곳의 맛있는 카페라떼와 함께했다.

처음 만나게 된 사람들과 커피 한 잔에 대화가 오가며 어색함을 없앨 수 있었고, 몇 달 만에 만나는 사람들과 반갑게 인사하며 그동안 밀렸던 이야기들을 할 수 있었다.

혼자 여유롭게 달달한 와플에 커피한잔을 하며 다이어리에 끄적끄적 내 시선, 내 생각을 써가며 시간을 보낼 수 있었던 그런 편안함과 에너지를 주는 장소 말이다.

음악과 춤 앞에서는

표정도 행동도
자유롭다.

II · 같은 하늘, 다른 삶

고베즈,

고베즈!

오늘도 어김없이 길가 상점들 앞에 늘어져 있는 스피커로 음악 소리가 흘러나온다. 바자지 안에서도, 버스 안에서도, 집 안 곳곳에서도, 사람들 주머니 속 휴대폰에서도, TV에서도, 행사장에서도, 생일파티에서도, 길거리에서도. 에티오피아 어디서든 음악은 있다.

음악이 있으면 춤도 있는 법, 에티오피아는 부족마다 개성 있는 춤이 있는데, 여기 북부 지역은 서로 원형을 이루며 어깨를 들썩거리는 전통춤이 있다.
신기하게도 상체를 어찌나 자유롭게 움직이면서 춤을 추는지, 따라 추다 보면 정신이 없어 혼이 나갈 정도다.
그런데도 외국인이 자기들의 춤을 따라 추면 엄청 기뻐하며 좋아한다.

"고베즈 고베즈(똑똑해, 훌륭해) 선아!!"
아주 잘 춘다고 손뼉을 쳐주며.

한국에서 나름 무용도 했고, 교회에서 워십 댄스로도 활동했던 나는 이곳에서 춤 실력을 발휘하며 이들과 땀나도록 같이 춤추고 놀았다.

현대식 음악보다는 전통음악과 전통춤을 즐기는 그들에게 음악과 춤은 스트레스 해소용이 전부는 아니다. 춤을 추면서 가족, 친구, 이웃 간의 유대감을 쌓는다.
평소에는 무표정이던 그들이 음악과 춤 앞에서는 표정도 행동도 자유롭다.

수도 아디스아바바에 'KERA(께라)'라는 지역에 '시슈'라는 수제햄버거 가게가 있다. 굳게 닫혀 있는 문을 열면 컨테이너 창고가 나올 것 같은데, 들어가면 새로운 세상이 펼쳐진다.
잔잔한 클래식, 재즈 음악과 함께 분위기 있는 조명들. 에티오피아 사람들보다 외국인들이 더 많다. 오픈 키친으로 되어 있어 흥미롭다. 옆 도축장에서 신선한 고기를 공급받아 패티를 만들어 햄버거 속이 알차다. 프랜차이즈의 햄버거와는 비교되지 않는 맛이다.

특별한

마음의 위로

여행, 살아보는 거야

전 세계적으로 흔한 맥도날드, KFC 조차 없는 에티오피아에서 개인의 차이는 있겠지만 나는 이 곳 햄버거를 먹을 때마다 마음의 위로를 받았다.

치즈버거 세트가 한화로 만원이 넘는 비싼 가격이지만, 작은 도시에서 사 먹을 게 없어 쓰지 못한 돈을 들고 올라와 '이럴 때 돈 쓰지 언제 쓰겠어? 가끔씩은 괜찮아!' 하면서 말이다.

갈증

해소

한국에서는 탄산음료 마시는 게 1년에.몇 번 될까 말까다. 햄버거나 피자를 먹을 때도 탄산음료는 입에 대지 않는다. 그런데 이곳에선 이상하게 탄산음료 생각이 많이 난다.

우기가 끝난 에티오피아는 건기로 접어들면서 점점 뜨거워진다. 특히 낮에는 피부가 익을 것 같이 쨍쨍한 햇빛이다. 낮에 출퇴근하는 활동 시간이다 보니 뜨거운 햇볕을 받으며 다니게 된다.
그래서 퇴근하고 집으로 오는 길에 매일같이 음료 카페에 앉아 탄산음료를 주문하고, 뚜껑을 따자마자 벌컥벌

컥 마신다. 마실 때마다, '크아', '죽인다', '갈증 해소 대박'. 내 입에선 연신 '크아' 같은 기분 좋은 시원한 소리를 내뱉는다.

에티오피아인들처럼 넋 놓으면서 한 모금, 지나가는 사람들 구경하면서 한 모금, 아는 사람 만나면 반갑다고 인사하면서 한 모금, 테라스에 앉아있으니 신발 닦아준다며 다가오는 구두닦이에게 발을 맡기며 한 모금.

사소한 것이라도 어떤 것에 대해 갈증을 느끼고, 목마름을 채워줄 무언가를 찾고, 그 갈증이 해소될 때의 짜릿함은 늘 기분 좋다.

여행, 살아보는 거야

에티오피아에서는 여자 그리고 당나귀로 태어나면 안 된다는 우스갯소리가 있다.

힘내 당나귀

여자들은 집안일도 해야 하고 밖에 나가서 돈도 벌어야 한다. 무거운 짐을 남자의 도움 없이 들기도 한다. 심지어 공사장에도 여자들이 돌을 나르고 땅 파는 모습을 자주 볼 수 있다.

당나귀 또한 한평생 짐꾼이다. 무거운 짐들을 가득 지고 또각또각 앞만 보며 걸어가는 당나귀의 모습을 보고 있으면 세상 불쌍하고 짠하다. 힘내! 당나귀!

여행, 살아보는 거야

아드와에서는 토요일에 장이 선다. 한창 요리하는 것에 흥미를 가진 나는 전날 통화로 Bajaji 기사인 Jemal(제말)과 약속을 잡아놓고, 토요일만 되면 일찍이 장을 보러 갔다. 가봤자 늘 사는 것만 사지만.

제말

Jemal

장 봐야 할 것들을 적은 메모를 쥐고 jemal과 돌아다녔다. 이 친구가 참 똑똑한 게 한글로 메모해둔 글자 순서대로 내가 집으면, 유심히 보았다가 글자와 물건을 매치시켜서 다음에 새로운 메모를 들고 갈 때 이 글자가 바나나지? 양파인 거지? 라고 물어보며 맞춘다!

나는 양손 가득, jemal도 내 짐 들어주며 양손 가득. 주차

되어 있는 bajaji 정류장으로 가는데 내가 장시간 햇빛에 노출되어 힘들었는지 걸음 속도가 느려져서 제말과 멀어지게 되었다. 말을 주고받다가 옆을 봤을 때, 내가 없어진 걸 안 jemal이 나를 찾으러 뒤를 돌아본 순간 나와 눈이 마주쳤다. 나를 발견한 jemal은 환하게 웃어주었다. 그리고는, 내가 올 때까지 기다려주었다.

"힘들지? 시장은 너무 힘들어. 얼른 데려다줄게 집에서 쉬어"라고 다독여 주었다. 나는 bajaji 기사 친구들 중에 이 친구를 가장 믿고 좋아했다.
다른 기사들과는 달리, 정직하게 요금을 받으려 했고, 급해서 전화해도 웃으면서 당장 달려와 주는 친구고, 내 주머니에 돈이 모자라서 쭈뼛쭈뼛하면 그걸로 초콜릿이나 사 먹으라며 조금이라도 덜 받고 그냥 가버리는 맘 넓은 친구다.

> 바자지(BAJAJI) : 에티오피아의 교통수단인 3륜 오토바이, 수도에서는 운행 금지, 지방에서만 볼 수 있다.

과욕은
금물

망고를 좋아하진 않는데, 여기선 워낙 싸니까 망고 철에 실컷 사 먹는다. 귀국하면 괜히 한국의 비싼 물가에 억울할까 봐, 한국에 가서도 생각이 안 날 정도로 먹었다. 정말 실컷. 매일매일.

어느 날 망고 3kg인가 4kg을, 그것도 내 주먹보다도 큰 것으로만 골라서 사 들고 왔다. 시골 동네에서 먹을 것도 마땅치 않고 아디스아바바에 비해 즐길 수 있는 먹거리가 없으니 망고라도 실컷 먹을 작정이었다.

옆집에 나눠줄 몇 개를 빼고 모두 일곱 개, 크고 빨갛고 탐스러운 망고들이 테이블에 놓여 하루하루 맛있게 익어 가는 걸 보고 혼자 흐뭇했다. 허전한 마음을 이렇게 채웠던 것 같다.

과욕은 무엇이든 좋지 않은 습관이다. 결국, 입에 물려서 몇 알이 썩어 아깝게 버려야만 했다.

이곳 사람들에게 애플 망고는 비싸서 못 사 먹거나 한 알을 먹더라도 씨에 붙어있는 것까지 먹는 귀한 과일인데. 나는 오늘도 내 욕심으로 누군가에게는 귀한 것을 그냥 버리고 말았다.

바흐다르

Bahir Dar

나일 강의 발원지는 블루 나일 폭포가 있는 에티오피아의 바흐다르다. 시내에서 힘든 비포장도로를 1시간 반 정도 달려야 한다. 폭포로 가는 길은 두 가지 방법이 있는데, 보트를 타거나 차를 탄 후 걸어가는 것이 있다. 보통 갈 때는 차를 탄 후 걸어서 이동하고 돌아올 때는 보트를 타고 나온다.

차에서 내려 가다 보면 돌로 만든 다리도 건너고, 시냇물도 보며 걷는다. 산길을 따라 오르락내리락하며 자신들이 수확한 양식들과 가축들을 팔기 위해 마을 시장을 나가는 에티오피아 사람들의 모습을 보며 한 시간을 걸었다. 길이 한국의 등산길처럼 잘 닦여있지 않아서 헉헉거리며 지쳐갈 무렵에 멀리서 폭포의 모습이 눈에 들어오기 시작했다.

1월의 건기여서 그런지 생각보다 물이 많이 말라 있었지만, 내륙지방인 에티오피아에서 이런 폭포의 모습을 보기란 힘든 일이라 신기하고 웅장하게 느껴졌다. 우기가 끝난 직후에 오면 물이 불어나서 더 멋있을 것 같다.

폭포로 가까이 가려면, 흔들다리를 건너야 한다. 가까이 걸어 들어가니, 따가운 햇빛에 장시간 노출되어 있었던 시뻘건 얼굴이 분무기로 뿌리는 것 같이 흩날리는 물안개에 닿아 시원하다. 더 가까이 가서 물에 손도 담가 보고, 슬슬 또 걸어 보트 타는 곳으로 향했다. 걸어가는 길에 재배하는 것 같은 잎 밭이 있는데, 물어보니 짜트(에티오피아 마약 잎)란다.

보트를 타고 마을로 내려온 후 다시 한 시간 반가량 비포장도로를 지나 시내로 와서 휴식을 취했다.

타나 호수는 말이 호수지, 끝없이 보이는 게 바다 같다. 타나 호수에서도 보트투어 하기가 좋다. 호수에는 하마도 있다는데, 내가 갔을 때는 보지 못했다. 보트를 타고 강을 한 바퀴 둘러보고(사실 나는 뱃멀미가 있는데, 이날 따라 물이 많이 출렁이는 바람에 보트 안에서 굉장히 고생했다는…) 내린 후 호수 주변을 따라 걸으면 운치를 느낄 수 있다.

호수를 바로 앞에서 볼 수 있는 레스토랑에서 밥도 먹고, 물 바로 앞에서 탄산음료 한 병 마시며 말랐던 목을 축이니 새삼 감사했다. 내륙지방인 에티오피아에서 이

물을
보고

살아야
한다

런 거대한 호수를 만날 수 있다니. 사방이 온통 들판과 산, 잡초, 모래, 흙만 있는 동네에서 척박하게 모래바람만 마시며 살다가 바닷바람을 쐬고 짠 내를 맡고, 간만에 뱃멀미도 느껴보고, 잔잔한 물결을 바라보고 있으니, 현기증이 나면서 마음이 탁 트이는 것만 같았다.
역시 사람은 물을 보고 살아야 한다.

우중충하고 흐린 하늘, 코끝으로 들어오는 차가운 탄내 나는 바람, 날아다니는 독수리 떼, 성곽 같은 인테리어에 오래된 제국의 느낌이 고스란히 전해지는 공항까지, 비행기에서 내리자마자 느껴졌던 곤다르의 첫인상이다. 아프리카 같지 않은 아디스아바바를 벗어나 에티오피아의 소울이 느껴지는 진짜 여행이 시작되었던 곳 Gondar. 곤다르는 에티오피아의 대표적인 여행지다.

17세기 에티오피아 제국의 수도로 과거 황제의 목욕탕과 1979년 유네스코세계문화유산으로 지정된 fasil castle이 남아있다. 이탈리아의 침공 당시의 옛 성이 보존이나 복원이 되지 않은 채 그대로 바로크양식의 포르

곤다르

Gondar

투갈 영향이 가미되어 있는 건축 양식이다. 곤다르는 영화 반지의 제왕에 나오는 곤도르의 모티브라는 이야기도 있다. 데이트 하러 온 에티오피아 청년들도 보였다. 우리나라에서 마치 궁궐을 산책하는 듯 느껴진다.

폐허의 흔적이지만 웅장함이 느껴지는데 건물들은 각각 오페라하우스, 사자우리, 접대실, 만찬실, 마구간 등등 다양한 용도로 사용되었다.

성에서 조금만 걸으면 가까운 거리에 위치해있는 파실리데스 목욕탕(Fasilidas' bath)은 왕족들의 목욕탕이었다고 한다. 요즘은 축제날(정교회 관련된)이 되면 물을 채워 세례 의식을 진행한다. 건물 주변으로 오랜 세월 동안 버티고 있는 거목들이 눈을 사로잡는다.

마지막으로 둘러본 곳은 곤다르에서 유명한 데브레 베르한 셀라시에(Debre brihan selassie)교회다. 오랜 역사를 가진 이 교회는 135명의 천사 얼굴로 가득 차 있는 천장 벽화로 유명하다. 내부는 신발을 벗고 들어가야 한다. 돌아 보던 중 야위고 늙으신 할머니 한 분이 들어와 무릎 꿇고 기도를 한다. 소곤소곤 기도하는 소리가 구슬프게 느껴진다.

내가 방문했던 날은 메스켈 홀리데이였다. 큰 광장에 온 동네 사람들이 모여 축제를 벌이고 있었다. 고기를 잡아먹고 축제를 벌이는 날이어서인지, 가축들의 피 냄새를 맡고 모여드는 독수리 떼도 가까이서 볼 수 있었다.

   메스켈 : 예수님이 매달렸던 십자가가 발견된 것을 기념하는 공휴일

벌라스   5~6월쯤, 동료와 퇴근하는 길에 언제부턴가 자꾸 선인
장 같은 것을 파는 좌판상들이 눈에 보였다. 저게 뭐야?
물어보니, 우기 시즌에 나오는 벌라스라는 선인장 열매
란다. 궁금해서 가까이 가보니, 정말 선인장 열매 같다.
겉껍질이 잔가시로 감싸져 있고 붉은빛을 띨수록 익은
거란다. '맛있는 거 골라서 하나만!' 하며 알맹이를 건
네줘서 받아 먹게 된 벌라스의 맛은, 처음에는 씨로 가

득해서 '이걸 어떻게 먹어? 이거 하나 먹다가는 내 이가 다 부러지겠다!!!' 였지만, 계속 먹어보니 고소하면서도 약간 꿀 먹은 파파야 같은 맛이 났다.

어떤 사람은 이걸 먹으면 배탈이 나서 절레절레한다지만, 내 장은 받아드릴 수 있나 보다. 먹고 한 번도 배탈이나 설사는 하지 않았다. 이걸 파는 사람들은 아주 기가 막힌 칼 솜씨로 껍질을 칼질해서 먹기 좋게 알맹이만 쏙 빼준다. 처음엔 그냥 사와서 직접 칼질하고 그랬는데, 신경질 나게 자꾸 손에 잔가시 박히고 짜증 나서 무슨 방법이 없을까 고민하다가, 에티오피아인들은 어떻게 사 먹나 눈여겨보고는 나도 비닐봉지 가지고 다니면서, 5개씩, 10개씩 알맹이만 담아와 편하게 먹었다. 가격도 한 알에 1비르(한화 약 50원 정도)여서 마음껏 사 먹었다. 역시 사람은 머리를 써야 한다는 말이 새삼 가슴에 와 닿았다.

여행, 살아보는 거야

아프리카에서 수면양말이라니, 누가 들으면 이상하게 　수면
생각할 수 있겠다. 우기가 시작된 에티오피아는 6~8월 　양말
동안 한국의 늦겨울, 초봄 날씨처럼 매우 쌀쌀하다. 게
다가 동남아처럼 습한 곳도 아니고, 엄청 건조한 지역이
라 그 추위가 더하다. 수족냉증이 있는 나는, 조금이라
도 온도차를 느끼면 금새 손발톱이 시퍼렇게 된다.

이제 우기라는 말이 실감이 나게끔 갑자기 정전 타임이
시작되며 대차게 빗방울이 쏟아지기 시작했다. 동그란

알갱이의 우박도 후두두둑 소리를 내며. 비바람에 나무들은 아슬아슬하게 꺾일 듯이 휘청이며 버틴다. 천장이 무너질듯하게 우르릉 우르릉거리는 천둥소리와 번쩍번쩍하게 빛나는 번개. 짧게는 30분 길면 두 시간을 하늘에 구멍 뚫린 것처럼 쏟아지는 비 덕분에 속수무책으로 꼼짝없이 방콕이다. 그래도 내 몸의 온도를 높여주는 수면양말덕분에 떨지 않고 따뜻하게 낮잠 한번 자본다.

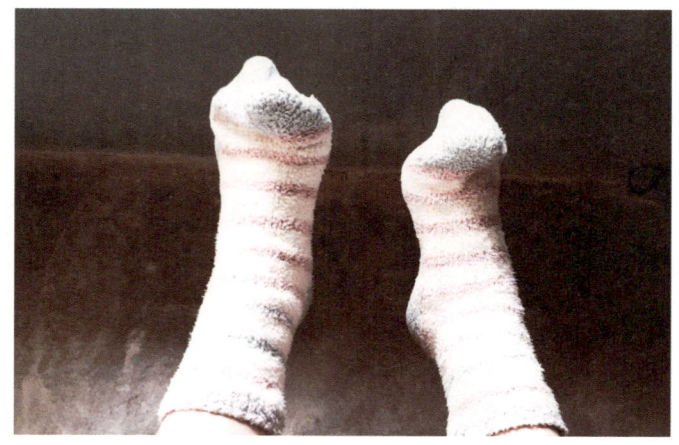

커피의 기원지 에티오피아에서 커피의 매력에 빠지지 않을 수는 없다. 커피를 좋아하진 않지만, 한국보다 싸고 좋은 품질의 원두를 쉽게 접할 수 있으니 막 마시고 다녔다. 물론 한국으로 수출하는 콩알은 따로 골라 수출되긴 하지만.

어느 날 장 보러 시장에 갔다가 예가체프-에티오피아 사람들은 이르가체페 또는 예가체페 라고 부름-원두를

혼자만의

시간

여행, 살아보는 거야

사서 직접 로스팅해서 내려 마셔봤다.
어느 날은 진하게 볶아보기도 하고 어느 날은 좀 더 연하게 볶아보기도 했다. 어떻게 볶아야 맛있을까 고민하며 한동안 홈카페 놀이를 즐기듯 실컷 볶아 마셨다. 혼자 재밌게 지내려고 이런저런 노력을 많이 했지만, 역시 혼자 노는 건 오래 못 간다. 얼마만큼의 내공이 쌓여야 하는가. 같이 마셔주는 친구(한국어로 대화 나눌 수 있는)가 없으니 금방 흥미를 잃어 홈카페 놀이도 얼마 가지 못했다.
대신, 책을 붙잡기 시작했다. 혼자, 조용히 말이다. 오전 근무일 때면 퇴근해서 점심 먹고 커피 한잔 내려 책보면서 마시고, 오후 근무 때는 아침에 일어나서 한잔 마시면서 책보고 출근하고 그랬다. 꼭 책이 아니더라도, 뭘 하기보다는 그냥 편한 곳에 앉아서 조용히 눈을 감고 이런저런 기분 좋은 생각을 해보거나 내 머리가 조금 숨을 쉰다는 느낌으로.

꼭 여럿이서 재미있어야 하고 활동적이어야 하는 게 정답은 아닌 것 같다. 때로는 혼자 책을 읽든 뭘 하든 조용하게 휴식시간을 보내보는 것도 좋은 것 같다.

여행, 살아보는 거야

인근 지역에서 교수로 일하고 있는 필리핀 언니, 오빠들이 혼자 외롭게 지내는 내가 마음에 걸렸는지 연락이 와서 내가 사는 곳에 댐이 있다며 종종 모여 낚시도 하고 도시락도 싸서 밥 먹고 놀고 온단다. 같이 가자는 제안에, 낚시에 흥미가 없는 나는 조금 망설이긴 했지만, 함께 가기로 했다.

언니, 오빠들이 타고 온 차에 나를 픽업해서 산속으로 들어가는데 우리 동네에 이런 곳이 있었단 말이야? 하며 끝없이 펼쳐지는 자연 풍경에 연신 감탄사를 연발했다. 우리 동네에 큰 산(솔로다 마운틴)이 유명한 건 알고 있었지만, 그 안에 이런 멋진 댐이 있을 줄이야! 오빠

그리움의
목소리

들 말로는, 작년에 왔을 때보다 물이 많이 말라 있단다. 에티오피아가 점점 척박해지고 있다는 뜻이다. 그리고 아직 대우기가 시작된 게 아니라, 우기 지나면 또 많이 불어있을 거라고 했다.

금강산도 식후경이라고 언니들이 아침 일찍부터 음식을 만들어 싸 왔고 오빠들은 닭 바비큐를 준비했다. 뷔페식으로 각자 챙겨서 먹기 시작했다. 서로 놀리고 농담도 하며 '하하', '호호', '깔깔' 에너지가 넘치는 언니, 오빠들이다.

배도 불렸으니 오빠들이 슬슬 댐으로 내려가잔다. 그런데 손이 너무 휑해서 "근데 낚싯대는 어딨어?" 물어보니 "낚시를 꼭 기구를 써서 해야 하나? 손으로 잡을 거야!" 하며 다들 웃기 시작했다. 웃통을 벗고 달려 내려가는 오빠들. 병 쩐 나도 따라 달려 내려갔다.

정말 손으로 잡아 보여주는 오빠들. 잡고 놓아주고, 잡고 놓아주고. 수영도 하고. 물에 담그고 시간을 보내는 오빠들을 보고 있자니 목욕탕에 온 느낌. 그 모습을 나

는 카메라에 담아주었다.

기타 소리와 노랫 소리로 시작된 간식시간. 갑자기 내리는 비에 철제오두막으로 피신했고, 그 안에서도 이어지는 노래와 기타소리로 즐거움은 가득했다. 개개인 모두, 사랑하는 가족들을 필리핀에 두고 돈 벌러 먼 이 땅에 와서 서로를 아끼고 챙겨주며 밝게 살아가는, 정이 참 많은 언니, 오빠들이다.
그들의 노랫소리에 가족을 그리워하는 마음이 녹아있는 게 느껴져 짠했다. 거기에 내 목소리도 얹어질 수밖에.

땡볕에 있던 우리는 다음날 피부가 화상 입어 쓰라린 고통을 맛보았다.

같은 하늘 다른 삶

수도 아디스아바바에 'BOLE(볼레)'라는 한국의 강남 같은 곳이 있다. 한 번씩 아디스아바바에 볼일이 있어 넘어가면 사람들의 옷차림이나 모든 게 참 다르게 느껴진다. 시골에서는 보기 힘든 아주 멋진 장미꽃과 생화를 파는 꽃집들이 많이 있고, 근사한 옷가게와 레스토랑, 고급 미용실, 볼링장, 클럽 등이 있다.

볼레의 에드나몰이란 곳을 가면, 화려한 오락실, 쇼핑몰, 시네마가 한 건물에 있는데, 그곳에 들어가면 입이 쩍 벌어진다. 이곳은 에티오피아가 아니다. 완전히 딴 세상에 온 것 같다. 오락실에서 게임을 하려면 100birr(약 5천 원 정도)가 있어야 하는데, 에티오피아의 물가를 생각하면 꽤 비싼 돈이다(에티오피아 사람들의 보통 밥 한 끼가 15~20birr).

이곳에선 문화생활을 즐기는 에티오피아인들이 많다. 밖으로 나가면 동냥을 구걸하는 사람들이 많은데 같은 나라, 같은 하늘 아래에서 참 딴 세상이다.
좋은 차, 화려한 액세서리, 선글라스, 휴대폰, 좋은 집을 가진 사람들과 철제 판으로 개집처럼 세워놓은 집, 하루하루를 길거리에서 앉아 동전을 구걸해 받아 생활하는 사람들의 모습이 함께인 걸 보면 참 씁쓸하다.
부자들의 집은 정전, 단수도 없다. 수도에서도 좋은 동네가 아니거나 수도를 벗어나면 정전과 단수는 생활화 된다. 풍족한 삶을 누리는 사람들은 계속 부족함 없이 생활하게 되고, 못사는 사람들은 잘사는 사람들을 위해 계속 못살게 되는 것이다. 에티오피아는 점점 사는 게 힘들어지고 척박해져 가는 것 같다.

여행, 살아보는 거야

심심하던 차에 John의 제안이 솔깃해졌다. 승마전용 말을 관리하고 키워서 돈을 벌고 있는 친구를 알게 되었다며, 시간을 잡아서 가보자는 것이다.

해가 중천으로 올라와 뜨거워지기 전에 동네 한 바퀴를 돌아보는 일정으로 잡았고, 아침 일찍 준비해서 약속 장소로 갔다. 겁이 많은 나를 위해 에이스(말 주인)가 순한 아이로 골라주었다. 에이스의 도움을 받아 올라타기도 무섭고 힘들었는데, 말 등에 올라타서 간단한 조련법을 배우고 출발했다. 또각또각 걷기 시작하는 말들, 마치 나는 사극에 나오는 옛날 사람이 된 것 같았다.

몇 시간 동안 어설프게 말을 조련해가며 아드와 댐까지 한 바퀴 다녀왔는데, 천천히 걷는 말 덕분에 평소에 걷

정서적인
교감이

필요한
시간

거나 bajaji를 타고 다니면서 못 보고 지나쳤던 동네 풍경들이 눈에 들어오기 시작했다. 덕분에 푸르른 것들을 눈에 많이 담을 수 있었고, 몰랐던 동네의 숨은 곳곳들도 알게 되었다.

말 타는 게 쉽지가 않았다. 고삐를 잘 당겨주면서 말의 속도에 나의 몸을 리듬을 맞춰 타야 한다. 말의 엉덩이를 한 번씩 때려주며 방향을 잘 잡아줘야 하고, 쓰다듬어주며 잘 가고 있다고 칭찬도 해줘야 한다. 당근과 채찍을 잘 해주어야 한다.

말의 컨디션과 내 몸을 생각하며 달리다 보니 아쉬웠던 게 말을 능숙하게 잘 조련하는 에이스를 보면서, 또 나한텐 익숙하지 않은 조련을 해보면서, 말과 시간을 가지고 애정을 주고받으며 정서적인 교감을 나누며 친해진 상태였으면 오늘의 승마를 조금 더 자유롭고 여유로운 마음으로 탔을 텐데 하는 아쉬움을 남겼다.

하물며 하루 함께하는 말과도 그럴 텐데 내 주변 사람, 나와 함께하는 사람과의 교감은 더 필요한 법이다.

김밥
떡볶이
자장면

에티오피아에 있는 동안, 뭐가 제일 먹고 싶었냐는 질문을 받으면 1초의 망설임도 없이 분식과 자장면이라고 말할 것이다. 대학교 다닐 때 하숙집에서 지내면서 주인 할머니가 해주셨던 김밥, 김밥 전문점에서 파는 여러 종류의 김밥 등등 왜 그렇게 아른거리던지.
김치찌개나 된장찌개 이런 것들은 대충 아쉬운 대로 여기서 된장과 고추장을 풀어서 감자 양파를 넣어 해 먹으면 뭐, 어느 정도 먹고 싶은 마음이 채워졌다.
그런데 한국에서는 집 밖에만 나가면 흔하게 보이는 분식집과 자장면 집이 이곳은 없으니까, 유난히 김밥, 떡볶이, 자장면 이 세 가지가 배고플 때마다 생각이 났다. 자장면이 생각날 땐 자장 라면으로 대충 달래면 됐지만, 떡볶이와 김밥은 재료를 하나도 구할 수 없는 지역이다 보니 도저히 해 먹을 수 없어 먹고 싶다는 욕구를 참기가 정말 힘들었다. 심하게는, 그 음식들이 먹고 싶어서 당장에라도 그만두고 귀국을 할까 라는 생각이 잠깐 들

기도 할 정도였다.
그래서 엄마 오기만을 간절하게, 마치 병장이 달력을 보며 전역 날 만을 기다리듯이 나 또한 그렇게 엄마를 기다렸다. 엄마가 오자마자 해준 것이 떡볶이와 김밥과 잡채. 거의 반년 만에 먹는 김밥과 떡볶이는 나를 춤추게 했다. 한국에 돌아가면 제일 먼저 분식집과 자장면집으로 달려가야지 하고 배고플 때마다 생각했었다. 정작 귀국해서는 중국집에 눈이 안 갔지만. 어쨌든 여기서는 귀한 음식이라 그랬는지, 귀국해서도 김밥과 떡볶이집만 한동안 먹으러 다녔다.

비단 분식뿐 아니라, 없던 식탐이 생겼을 정도로 그곳에서 못 먹고 지내던 생활이었기에 한국에서 먹고 남겼던, 가볍게 먹던 음식들조차 생각이 났었다.

오늘도 "Suna! Suna Wouters~"라며 나를 찾는 가족들이 있다. 이 집에서 지내면서 내 이름은 Suna Wouters였다. 요하네스의 8번째 딸. 요하네스에겐 네덜란드에 있을 때 입양한 한국인 딸 Kim이 있다. 그래서 그런지 이 동네에서 처음으로 한국 여자인 나를 만나고, 아빠의 마음으로 딸같이 생각해주고, 아껴주고, 사랑해주셨다. 나 또한 요하네스를 아빠같이 또는 친구처럼 편하게 잘 따랐다. 그런 요하네스와 나의 관계를 보면서 요하네스 가족들은 요하네스의 성 Wouter를 따서 선아바우터~ 선아바우터~ 라고 불러주었다.

내
이름은

Suna
Wouters

요하네스 가족들에게 나는 어떤 존재였을까. 웨이니는 나를 친동생 같다며 자매처럼 여겨주었고, 외동딸인 머스렛에겐 친언니 같았던 나였다. 그들에게 나는 딸 같았다가 자매 같았다가 친언니 같았다.

요하네스는 심리학을 전공해서인지 사람의 성격을 잘 파악하는 사람이었다. 처음 우리가 마주쳤을 때부터 1년을 보고 지내면서 나의 성격이 어떤지, 어떤 습관이 있는지, 척척 걸러내서 그걸 바탕으로 조언도 해주고, 같이 고민도 해주었다.

귀국준비를 위해 수도로 오기 하루 전 날밤에 요하네스와 맥주(나는 tea) 한잔 하며 이런저런 추억도 회상하고 함께 지낸 시간을 마무리하는 시간을 보냈다.
에티오피아에서 지금까지 살면서 여러 외국인을 만나고, 집을 다녀가고, 가족들과 시간을 보낸 외국인 중 제일은 나라고. 예의상으로 말하는 것이 아닌 진심으로 내가 그들에게 특별한 사람이라고 말해 주었다. 행복했다. 그들에게 좋은 친구가 되어서. 그리고 나에게도 이들은 좋은 친구이자 가족 그리고 추억이다.

사람의 인연이란 게 참 귀하고 귀함을 다시금 생각해본다. 옷깃이 스치면 인연, 인연이 스며들면 사랑이라고들 말한다. 나는 이 식구들과 사랑을 했다. 그리고 이 인연이 우연이 아니라는 것. 만나야 할 사람은 돌아서라도 만나게 된다는 생각을 하는 나로서, 이 과정은 어느 하나 우연이 아닌 귀한 만남의 시간으로 채워졌다.

에티오피아

자매
친구

현지 적응 훈련을 받는 중에, 파견될 지역으로 가서 홈스테이하며 일주일간 OJT(On the Job Training)를 하는 프로그램이 있었다. 코디네이터가 연결해주는(정확히 말하면, 코디네이터와 연결된 에티오피아 사람이 소개해주는) 집에서 같이 먹고 자고 하면서 기관 방문도 해보고, 지리도 조금 익혀놓는 프로그램이다.

일주일간 지낼 집에 도착해보니 시멘트처리만 된 울퉁불퉁한 바닥을 보고 정말 이게 말로만 듣던 에티오피아 사람 집이구나 하면서 동공 지진과 함께 뛰쳐나가고만 싶었다. 겉으로 내색은 못 했지만…. 그래도 같이 앉아서 이런저런 이야기를 나누며 음식 대접도 받고 시간을 보내면서 적응을 해갔다.

감사하게도 아줌마께서 안방을 따로 내주셔서 편하게 자긴 했지만, 자고 일어나 눈 떠서 벽으로 기어 다니는 바퀴벌레들과 거미들, 이상한 벌레들을 마주할 때면 심장이 내려앉는 느낌이었다. 벼룩과도 사투를 벌여야 했다. 허리와 허벅지에 잔뜩 물려서 고생하기도 했다.
음식도 늘 '인제라' 등 정말 전통음식만 먹는 그들이지만 나를 위해 여러 음식을 해주었는데, 심하게 탈이 나 남은 며칠을 바나나와 빵으로만 배를 채웠다.
화장실도 열악해-샤워시설이 제대로 갖춰져 있지 않고 재래식 변기만 있는-일주일 동안 샤워도 못 하고, 물을 빌려 세수 양치, 머리만 한두 번 감았었다. 하루하루가 참 긴 날들이었다. 굳나잇 인사를 하고 방으로 들어와 늘 몰래 울고 잤던 것 같다.

생활은 그랬지만, 일주일 동안 나를 정말 가족같이 챙겨주고 예뻐해 준 그녀들이었다. 부족한 게 있는지 없는지, 밤에 잘 잤는지, 같이 돌아다녀 주며 지리를 익히게 도와주고, 동네 사람들에게 나를 소개해주며 이 동네를 친숙하게 만들어주었다.

수도로 돌아가야 하는 전날 밤에는 너무 아쉬워 서로 눈물을 보이고 그랬다. 그래서 힘들고 불편한 내색을 못 했고, 못하겠다는 말이 더 맞을 것 같다.

여자들만 있는 집안의 매력은, 이곳에서나 한국에서나 비슷한 것 같다. 언니와 동생의 투닥투닥 거림, 언니가 동생을 챙기는 마음, 어린 나이지만 언니와 엄마를 이해하며 말을 잘 따르는 동생의 마음, 그리고 푸근한 엄마의 마음, 내 첫 에티오피아 자매 친구들.

사랑의 정의 그리고 가치	인종을 넘어서 차별 없이 서로 존중하고 인정하는 사랑이야말로 '어른'들의 사랑이라고 생각한다. 요하네스와 웨이니를 보고 그렇게 생각했다. 두 분 다 제2의 인생을 함께하는 동반자가 되어 나머지 인생을 함께 나누고 있다. 요하네스는 네덜란드에서 사별한 아픔을 가지고 에티오피아에 와서 정착하는 중에 웨이니를 만났고, 웨이니 또한 이혼의 아픔을 가지고 요하네스를 만났다.

서로의 아픔을 알기에 그 아픔을 감싸주고 보듬어주고 아껴주는 사랑스러운 부부. 서로의 습관, 종교와 문화가 다르지만, 그 영역을 침범하지 않고 존중함으로써 불편을 주려 하지 않고, 사소한 일이라도 서로 대화를 하며 같이 고민해 나간다.

성격도 다르지만, 누구 한 사람만 맞추는 것이 아닌, 같이 맞춰 주는 게 보였다. 사랑이 무엇인지 알고, 그 사랑의 가치를 알기 때문에 가능한 것이 아닐까.

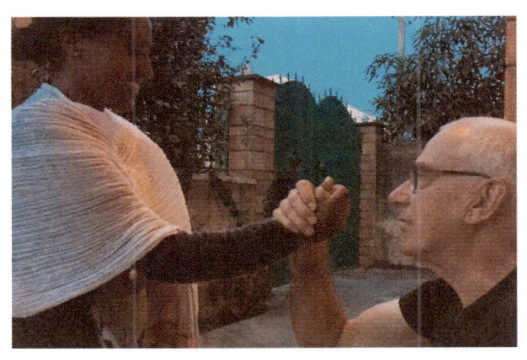

너로
인해

누군가는

긴 단식기간이 끝나기 며칠 전의 토요일 시장은 어느 토요일보다도 붐빈다. 단식 끝나는 날 잡아먹을 염소를 사러 나오기 때문이다. 요하네스네도 어김없이 시장에 가서 한 마리를 사와 마당에 묶어 놨다. 곧 생을 마감하고 사지가 분리될 염소를 보니 딱하기도 하다.

너로 인해 누군가에겐 가죽을 벗겨주는 돈 벌 수 있는 일거리가 될 것이고, 배고픈 누군가에겐 배불리 먹을 수 있는 먹거리가 될 것이다. 단식 기간이 끝나는 날 이른 아침부터 온 동네에 염소의 울음소리가 가득하다.

'아, 시작됐구나. 너는 갔구나.'
부위별로 분리 작업이 끝난 고기는 손을 거쳐 맛있는 염소 고기요리가 되었고 우리는 맛있게 먹었다. 염소 한 마리로 온 동네는 여러 사람이 모여 같이 나누고 맛있게 배를 채우는 날이다.

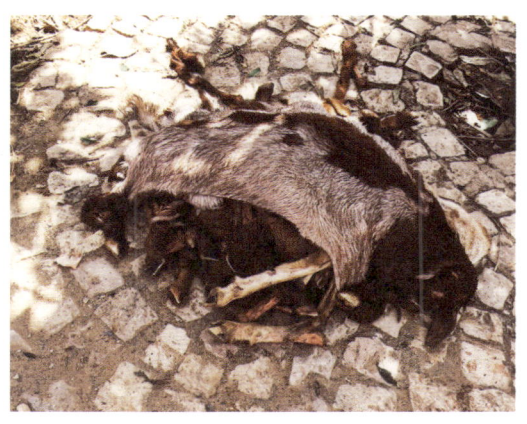

'같이'의 '가치'를
아는

우리 사이에
긴 말은 필요하지 않았다.

III · 간절함의 깊이

KALDIS 칼디스커피(KALDIS COFFEE)는 에티오피아의 대표적
         인 브랜드 커피숍이다. 수도인 아디스아바바와 데브라
COFFEE   자이트에만 있는 칼디스커피지만 전세계적인 체인점을
         가지고 있는 스타벅스의 시초라는 설도 있다.

KALDIS COFFEE 브랜드에 얽힌 유래를 간단히 소개하자면, 옛날에 KALDI라는 목동이 염소들이 어떤 나무의 열매와 잎을 먹고 흥분하는 것을 목격했고, 궁금했던 목동도 그 열매를 먹어보니 기분이 좋아진다는 걸 사람들에게 알리면서 커피라는 것이 점점 세상에 알려지게 되었다고 한다.

처음 에티오피아로 여행 왔을 때 이곳에서 마신 커피의 맛, 분위기를 잊을 수가 없다. 에티오피아에 도착해서 곧바로 지방 도시를 돌아다니다가 아디스아바바에 쉬러 왔는데, 문을 열고 딱 들어섰을 때, 뭔가 이국적인 그런 느낌이었다. 문 사이로 전혀 다른 나라를 오가는 그런 느낌이었다. 살짝 출출해서 시킨 chips와 바닐라 프라푸치노. 강렬한 햇빛에 지쳐있던 나에겐 약간의 오아시스를 발견한 느낌이었다. 바닐라 프라푸치노 맛도 제법 한국에서 먹던 맛과 비슷했다.

쭉쭉 들이키고 한숨 돌리니 슬슬 눈에 보이기 시작하는 칼디스 내부 풍경, 이곳에 오는 에티오피아 사람들은 주로 여유가 있는 사람들이다. 예쁜 옷차림의 여자들, 정장 차림의 남자들, 커플들, 친구들과 모여 케이크 한 조각에 커피 한 잔씩. 또는 혼자 와서 조용히 커피에만 집중하며 골똘히 무언가를 생각하는 사람….
local 커피숍을 가면 외국인이라는 것에 모든 에티오피아 사람들의 시선을 다 받게 되는데, 이곳은 그런 시선들이 없어 정말 맘 편히 마시고 시간을 보낼 수 있다.
망고 시즌에는 망고 아이스크림도 팔기 시작하는데, 정

여행, 살아보는 거야

말 맛있어서 하루에 3~4번도 더 먹었다. 그리고 커피와 함께 즐겨 먹던 것 하나 더, 슈크림 빵. 슈크림 빵 자체를 에티오피아 내에서 제대로 구경을 못했었는데, 여기서 이걸 파는 걸 알게 된 후로 아디스아바바에 갈 때마다 꼭 먹고 온다. 에티오피아 사람들에게도 인기가 많아, 오후 늦게 가면 다 팔리고 없어서 발걸음을 되돌리던 일들이 많았다. 그러다가 딱 있어서 시켜 먹으면 괜히 보상받는 느낌이다.

흔한 프랜차이즈 카페에서는 느낄 수 없었던 이 에티오피아 칼디스의 느낌은 뭐랄까, '아 내가 진짜 에티오피아에 있구나' 하는, 그런 실감을 시켜주는 곳이다.

닭 잡던 날

닭고기가 먹고 싶었다. 찜닭, 닭볶음탕, 닭갈비, 삼계탕, 프라이드치킨, 양념치킨 등등 한국 같았으면 마트 가서 손질된 생닭 사다가 해 먹으면 되겠고, 배달업체에 전화해 치킨을 시켜 먹는다던가, 친구들과 만나서 치킨집을 가서 신나게 뜯는다든가 하면 되겠다만. 이곳은 산 닭을 잡아 목을 따고 깃털 분리작업과 지방 분리 및 토막질까지, 하나부터 열까지 다 거쳐야 한다.

John을 불러 이번 토요일은 시장에 같이 가서 닭 좀 잡아와서 닭볶음탕을 해 먹자고 했다. 처음 닭을 잡아보는 나와, 어리숙한 John은 무조건 큰 닭이 살도 많고 괜찮겠지 싶어 큰 닭을 고집해서 사 왔다.

우리 집 마당에서 닭의 목을 따기 시작했고, 깃털을 다 뽑고 지방 없애는 데에 거의 반나절을 보냈다. John이 손질하는 동안 나는 재료 준비를 했고, 아침부터 시작한 손질 및 요리는 저녁 식사로 하게 되었지만, 닭 상태가 너무 돌덩이가 되어버려 고기를 제외하고 그냥 국물에 밥을 비벼 먹어야만 했다.
게다가 에티오피아의 닭들은 너무 뛰어다니니까 질기다. 암탉을 사왔어야 했는데. 무조건 크다고 좋은 게 아니었다.

여행, 살아보는 거야

cafe AROMA는 아디스아바바, 비스라트 가브리엘 church 인근에 위치한 Adot mall 1층에 있다. cafe AROMA의 커피는 한국인 입맛에 제일 잘 맞는다고 소문나서 코이카 단원들과 한인들이 제일 많이 커피를 사러 가는 곳이다. 250g이나 500g 외에 선물용으로 딱 좋은(맛보기용으로 좋은) 100g짜리를 팔고 아이스커피를 파는 몇 안 되는 커피숍이며, 햇살 좋은 날은 파라솔 펴놓고 테라스에 앉아 여유를 즐기기 딱 좋은 곳이다.

이 집 커피를 좋아하는 친구가 있었다. 가끔 그 친구와 시간이 맞아서 만나면 테라스 석에 앉아 따뜻한 햇볕을 받으며 커피를 마셨는데, '같이의 가치'를 잘 아는 우리

같이의

가치

사이에 긴말은 필요하지 않았다. 대화의 주제가 없으면 없는 대로, 생각나는 대로. 뜨문뜨문 말을 주고받으며 같이 보낼 수 있는, 여유 있는 시간을 즐겼다.
가끔, 이곳에서 찍은 사진을 볼 때면, 그 친구에 대한 그리움으로 이 장소가 물든다. 그리움의 장소. 깊은 향수를 불러오는 듯한, 그런 곳이었다.

간절함의
깊이

웨이니가 만들어주는 피자는 비유하자면 사막의 오아시스 같은 것이다. 동네에서는 구경도 잘 못 하는 것이 피자이기도 하고, 수도나 가야 먹을 수 있으니까. 한 번씩 맛있는 피자가 생각날 때 '짠'하고 만들어주면 정말 맛있게 그 자리에서 3, 4조각은 금방이다. 뜻대로 안 되는 날은 전기가 나가는 때다. 전기가 들어올 때까지 기다려야 한다.

한번은 피자를 굽기로 계획을 했는데, 아침 일찍 나간 전기가 점심시간이 훨씬 넘었는데도 들어오지 않는다. 피자 먹기를 잔뜩 기다리고 있는데, 결국 해가 질 때쯤 들어왔고, 우리는 환호성을 질렀다. 웨이니는 피자를 굽

기 시작했고, 그렇게 완성된 피자는 꿀맛이었다.
매일 먹는 음식이 아니다 보니, 한번 계획 했을 때 아주 간절히 기다렸다 먹는다. 전기까지 나가주면 간절함의 깊이가 더욱 깊어진다. 꼭 이런 날 전기가 오래 나가더라.

피자를 배부르게 먹고 후식으로 망고 한 조각씩 먹는다. 요하네스의 기분 좋은 하모니카 연주를 들으며, 해가 지면서 시원한 바람이 부는 걸 몸으로 느끼면 지상낙원이 따로 없다.

쫌(단식) 기간이 되면, 정교회 신자들은 거의 50일을 달 걀, 우유, 고기 등 육류랑 연결되는 것들은 모두 끊는다. '인제라'에 된장 같은 맛이 나는 소스만 얹어 먹는 '쉬로 인제라'. 한국 교회에서 3월 1일부터 부활절까지 사순절 을 지내면서 예수님의 고난 여정을 묵상하며 절제되는 시간을 보내듯이, 이들은 단식함으로써 그 날을 지킨다.

단식

신앙을 지키며 자부심이 강한 에티오피아 사람중에서도 말과 행동이 반대인 사람들이 있는 것을 자주 봤다. 앞, 뒤가 그렇게 다른데 단식은 또 참 잘 지킨다.
어렸을 때부터 교육을 받아서 그런가? 1년 중에서 단식 기간이 몇 번 되니까 습관이 된 것일까? 유난히 표정이 많이 없는 에티오피아인들. 무슨 생각 하면서 단식을 하 는 걸까?

불청객과 술래잡기

에티오피아에서는 퇴치할 수 없는 불청객이 벼룩이다. 14개월을 살면서 밖에 나갔다 오면 정말 날마다 편하게 집 안으로 들어가지를 못했다. 어디서 벼룩이 내 옷에 옮겨붙어 있을까봐.

물리는 순간에는 모른다. 집에 돌아와서 몇 시간이 지난 후 슬슬 가렵기 시작해서 보면, 잔뜩 뜯겨있다. 어디서 물려왔는지, 집으로 데리고 온 건 아닌지. 이때부터 집 안에서 옷과의 전쟁이 시작된다.

무조건 밖에서 옷을 탈탈 털고 물에 담가 놓는다. 빨래 할 때 나오지 않는다면 이미 내 방 어딘가에서 튀어 다니고 있는 것이 분명하다. 눈에 불을 켜고 플래시로 방을 샅샅이 비춰본다. 이 느낌이 너무 싫었다. 마치 숨죽이고 범인과 신경전을 펼치며 찾아내는 그런 느낌이다. 눈에도 잘 안 보이는데 튀기까지 하니, 얼마나 찾기가 어려운지.

그러다가 톡톡 튀는 놈 발견, 발견했다고 해서 안심하면 안 된다. 빠른 녀석이기에 숨을 참고 타이밍을 맞춰 빡! 손으로 잡아 톡 터트린다.

집에서 보이지 않는다면, 흙이 많은 곳 어디에선가 혹은 바지지 안에서 물려 갖고 온 것이다. 차라리 물고 지나가면 다행이다. 허리랑 종아리에 많이 물리는데, 가려움의 지독함이 몇 날 며칠을 간다. 몸이 찬 사람이 많이 물린다던데 나도 예외는 아니었다.
미처 신경을 못 쓰고 그냥 잠이 드는 날에는 다리에 자꾸 뭐가 기어 다니는 느낌을 받아서 깨보면 이불 안에서 튀어 다닌다. 그럼 자다 말고 또 한바탕 술래잡기 놀이가 시작되는 것이다.

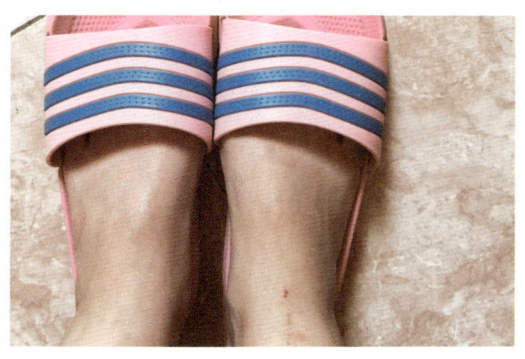

여행, 살아보는 거야

고요한 새벽, 갑자기 내리는 빗소리에 눈이 떠졌다. 눈만 뜨고 한참을 듣다가 비가 그치고 다시 잠들려는 찰나, 이번에는 욕실에서 들려오는 소리에 다시 눈이 떠졌다. 계속 들어보니 어디선가 물이 새서 떨어지는 소리다. 일어나서 욕실로 들어가 봤더니, 천장에서 욕조로 물이 뚝뚝 떨어지는 것이다. 급한 대로 양동이도 갖다 대고 걸레로도 갖다 대보고 했다. 아침에 눈 떠서 바로 달려가 보니 양동이에 물이 가득 담겨져 있다.
집주인에게 전화해서 천장을 손 좀 봐달라 했지만 테크니션을 알아보겠다고 한지 한 달이 지나도 소식이 없었다. 천장은 점점 무너져 내릴 것 같이 되어버렸다. 도저히 안돼서 아는 에티오피아 사람을 통해 테크니션을 알아봤다. 두 명의 테크니션을 불렀고, 천장을 뜯어 지붕 겉과 속을 같이 훑어봤다. 원인을 알아냈고, 테크니션들은 바로 새로운 천장 판을 준비하고 지붕의 틈새를 붙이는 작업을 시작했다(재료 준비하는 데까지 이틀이 걸렸지만).

나는 급한데, 이 사람들은 느긋하다. 도대체 어느 세월에 고치겠다는 걸까. 게다가 한참 우기여서, 지붕에 약

외국인이라

서러운 날

을 발라 말려야 하는데 설상가상으로 비까지 내려 작업은 계속 늦춰지고, 정말 발을 동동 구른 날들이었다. 어떻게 잘 마무리가 되는 듯싶더니, 또 나를 당황하게 만드는 순간들이 이어진다. 돈을 얼토당토않게 높게 부르질 않나, 사람들 없을 때 내게 와 팁을 달라고 조르질 않나. 이런 과정에서 나는 무척이나 마음이 상했다.

1년 가까이 이곳에 살고 있어 물가를 알고, 대충 얼마인지를 뻔히 아는데 참 기가 막힐 노릇이다. 당연히 나는 그 가격에 절대 줄 수 없다 했고, 서로 언성이 높아지기 시작했다. 테크니션 중 한 명은 지붕에 발라놓은 약을 다시 떼놓겠다며 협박까지 했다. 부르는 값을 주면 끝이지만, 너무 괘씸하고 서러운 마음에 나도 못 주겠다고 버텼다. 다행히 내 옆엔 요하네스와 John이 있었고, 집 주인까지 오면서 상황이 마무리되었다.

한국에 온 외국인들에게 택시비를 속여 바가지를 씌워 적발되는 소식의 뉴스가 종종 보도되는 게 생각이 난다. 내가 당사자가 되어보니 그들이 그런 상황에서 어떤 심정이었을지 상상이 간다. 외국인이어서 서럽고 마음 상하는 날들.

에티오피아에서 가장 좋았던 곳이 어디냐고 물어보면, 랄리벨라라고 1초의 망설임도 없이 대답할 수 있다. 도시 전체가 유네스코로 지정된 곳으로 에티오피아의 예루살렘으로 생각하면 된다. 에티오피아의 종교 성지다.

랄리벨라는 330년 동안 에티오피아의 수도였는데 12세기 말 왕의 이름이기도 하다. TOP12 HOTEL에 도착, 호텔 룸을 잡고 들어가 짐을 내려놓고 테라스로 발을 내딛는 순간 나는 심장이 멎는 듯했다. 시야에 다 담기지도 않게 끝없이 펼쳐지는 산, 정말 장관이다.

랄리벨라

Lalibela

여행, 살아보는 거야

랄리벨라에서 처음으로 찾은 곳은 암굴교회다. 에티오피아 정교회가 이룬 암굴 교회로 입장료는 1,000birr(약 5만원 정도)로 굉장히 비싸다. 하지만 들어서는 순간 그만한 값어치를 한다고 느꼈다. 정말 작품이다.

거대한 붉은색의 응회암 한 덩어리를 위에서부터 아래로 깎고 파서 만든 암굴교회 11채, 120여 년을 걸쳐 만들었다고 한다. 무슬림의 공격으로부터 종교적 탄압을 받을 때 만들었다. 내려오는 설을 빌려보자면 노동자들이 잠이 들었을 때 천사가 내려와 만들었다고 한다.

암굴교회에는 순례자들이 많다. 경건한 마음으로 벽과 바닥에 키스를 하며 순례의 여정을 하는 사람들이 가는 길을 같이 따라 움직여 보았다. 각 교회의 동굴 같은 내부 곳곳을 들어가서 사제들의 모습도 보고, 걸려있는 벽화들, 물건들을 구경하는 신비스러움이 있었다. 동굴 곳곳에는 무덤이 있었다. 순례하러 왔다가 떠나지 못하고 돌아가신 성직자들의 무덤으로 미라가 되어 뼈밖에 남지 않은 유해가 그대로 방치되어 있기도 했다.

제일 유명하다는 Saint George Church(성 기오르기스 교회)를 가보았다. 내부는 앞서 돌아본 교회들과는 별다를 바 없지만 위에서 바라보는 모습은 굉장히 아찔했다. 지하 11m의 어마어마한 높이에 흐트러짐 없이 정교하

다. 교회를 지을 때 어떤 마음으로 지었을까. 신앙심이 참 대단한 것 같다. 탄압을 받으면서도 꿋꿋하게 건물을 짓고 예배드리고……. 부디 숭고한 마음이 담겨있는 유산이 오래오래 지켜졌으면 좋겠다.

암굴교회에서 나와 유명한 레스토랑인 Ben abeba에 들렸다. 시원한 바람을 맞으며. 노을 지는 해를 두고 주스와 chips를 먹는데, 내 발아래에 산들이 있으니 마치 신선놀음을 하는 것 같은 황홀한 느낌이 들었다. 내 눈앞에서 펼쳐지는 푸르른 산들과 불타오르는 듯한 뜨거운 석양을 보고 있으니 숙연해져 한동안 그저 말없이 풍경을 바라보았다. 언제 또 이런 장관을 내 눈에 담을 수 있을까 하며 내 눈에 초록빛들을 많이 담았다.

악숨

Axum

역사, 문화적인 측면에서 빼놓을 수 없는 곳이 악숨이다. 1년간 살았던 아드와가 악숨 옆 도시라 자주 왔다 갔다 했고 에티오피아로 여행을 왔을 때 들른 곳이기도 하다. 공항도 마을을 벗어나 20분 가야 하는 '길' 깊숙이 덩그러니 세워져 있다.

악숨은 악숨 왕국 왕실의 무덤 위에 세워져 있는 오벨리스크가 유명하다. 이탈리아의 침략 때 이탈리아가 빼앗아 갔지만, 반환을 해서 다시 세워 놓았다. 그 중 가장 큰 오벨리스크는 무너지고 부서진 상태에 있다. 여전히

그대로 방치해 놓고 있는데 복원 안 하냐고 에티오피아 사람에게 물어보니 이대로가 좋다며 그대로의 흔적을 자랑스럽게 생각한단다.

악숨 왕국의 시조는 시바 여왕으로 에티오피아인들은 자신들이 솔르몬 왕의 후손이라는 자부심이 대단하다. 전설에 따르면 시바 여왕이 솔로몬왕의 지혜를 구하러 갔다가 메넬리크 1세를 낳았고 후에 왕이 되며 악숨 왕조가 탄생하였다. 시바 여왕의 목욕탕과 궁터가 고스란히 남아있는 악숨이다. 시바여왕의 목욕탕에 물이 고여 있는데, 어린 아이들이 웃통 벗고 수영을 하는 모습을 자주 보기도 한다.

여행, 살아보는 거야

성모마리아 교회도 유명하다. 축젯날이면 사람들이 가득 몰리는 곳으로 옛 건물 외에 새로 지어진 교회는 화려한 제단과 벽에 걸려있는 성경 인물들 및 성인들의 이야기가 그려져 있다. 한 사제분이 오셔서 큰 성경 그림책을 보여주며 설명을 해주셨지만 내 눈은 그저 그림 보기에만 집중했다.

악숨 시내를 내려다볼 수 있는 YEHA hotel을 가끔 가곤 했다. 친한 선비 언니와 가기도 했고, 다른 팀들과 모임 장소로 가기도 하고, 혼자 가기도 했다. 음식 맛은 뛰어나게 맛있지는 않지만, 노을 질 때쯤 테라스에 앉아 경치 구경하는 게 참 좋았다. 맑은 날에는 낮에 마을 풍경이 한눈에 들어오는데 보면 볼수록 참 조용하니 고요한 마을이다.

악숨 마을을 볼 수 있는 또 다른 곳이 있는데 바로 마을 뒤쪽으로 가서 오를 수 있는 동산이다. 동산 꼭대기에는 수도원이 있는데 들어가려면 거의 암벽등반 수준이다. 동산 길에는 선인장 나무들이 참 많다. 유난히 눈길을 끄는 큰 선인장 나무 한 그루가 있다. 빨갛고 이쁘게 꽃을 피우고 견고하게 쭉 뻗은 걸 보니 오랜 세월 악숨의 역사를 함께 했을 거라는 생각이 든다. 큰 만큼 그늘도 크게 생기니 목동, 목자 또는 지친 발걸음들의 그늘이 되어주었을 것이다.

나는 빵순이다. 빵집을 그냥 지나치지 못한다. 그런데 에티오피아에 여행 갔을 때나 파견 가서 지내기 시작하면서도 맛있는 빵집이 없어서 너무 우울했다. 그런데 에티오피아 전통 빵을 만나고는 달라졌다.

에티오피아에서 즐겨 먹던 전통 빵은 화학첨가물이 들어가지 않고 오직 밀가루, 이스트, 소금, 물로만 반죽한 빵이다. 빵순이인 내가 그 후로 귀국해서는 빵을 잘 사 먹지 않게 되었다. 에티오피아 전통 빵을 먹고 나면 다른 빵은 입에 대지 못한다.

함바샤, 생일날 먹는 빵

맛이 달곰하거나 그런 것은 전혀 없다. 하지만 속(위장)이 편안하다. 화학첨가물이 들어간 빵은 생각해보면 속이 편안하진 않은 것 같다. 입속에 맴도는 맛은 있어도, 위장이 예민하면 더부룩하거나 메스꺼움을 잘 느끼게 된다. 속이 예민한 사람들도 에티오피아 전통 빵을 먹으면, 탈 없이 편하게 즐겨 먹게 된다.

나는 '함바샤'라는 빵을 좋아했다. 갓 구워져 따끈따끈하게 나오면 폭신폭신해서 뜯어 먹는데, 진짜 맛있어 그 자리에서 3~4조각을 먹어 치웠다. 생각해보면, 맛이 진짜 없다. 말 그대로 맛이 없다. 그냥 밀가루 맛, 그런데 이상하게 자꾸 끌어당기는 맛이 있어 입에 들어간다. 커피와 먹어도 좋고, 차와 곁들여도 좋다.

에티오피아 친구 생일파티에 초대되어 가보면 케이크처럼 등장하는 빵이 함바샤다. 평소엔 그냥 반죽해서 구워내지만, 생일파티에 내놓으려면 포크나 칼 같은 도구로 뭔가 무늬도 만들어 구워낸다.

믹스주스,

mixed juice

에티오피아에서는 에티오피아 사람이든 외국인이든 너나 할 것 없이 즐겨 마시는 음료가 세 가지 있다. 커피와 차 그리고 주스다, 물론 설탕은 늘 가득 넣어 먹는다. 망고 철이 시작되면 곳곳의 주스 가게에는 탐스럽게 잘 익은 망고 상자가 쌓이기 시작한다. 그리고 에티오피아 사람들은 더위를 피해 그늘에 자리 잡고 앉아 주스를 시켜 마신다.

내가 제일 좋아했던 조합은 '망고+아보카도' 주스인데, 워낙 망고와 아보카도가 싸기도 하고, 섞어놓은 맛도 잘 어우러진다(설탕이 한몫하겠지만). 주스 한 잔 값도 매우 싸다. 망고+아보카도 주스가 15birr 정도, 한화 약

750~800원이다. 한국에서는 절대 상상도 할 수 없는 가격이다. 게다가 시럽 하나 첨가되지 않은 과일 그대로만 갈아서 내어준다.

처음 여행 와서 마셨을 때가 생각이 난다. 많이 걸어야 했던 일정 속에서 잠시 쉬기 위해 들른 주스 가게에서 special mixed juice(아마도 구아바, 아보카도, 망고 조합인듯하다)를 주문했다. 꿀 시럽이 뿌려져 그 맛이 딸기주스마냥 아주 달콤해서 단숨에 잔을 비웠었다. 어느 가게를 가도 이 주스는 차갑거나 시원하지는 않다. 미지근한 상온의 과일 그대로 갈려져 나와 미지근한 것이 처음 접할 때는 낯설고 당황스럽지만, 같이 주는 레몬을 살짝 뿌려서 빨대로 마시는 것보단 스푼으로 푹푹 떠먹으면 달콤하니 당 충전하기에 적절한 주스이다.

퇴근 후 당 떨어지는 날, 단골 가게로 가서 믹스주스 한 잔 떠먹으며 점심을 해결했었다. 정전되면 믹서기가 작동이 안돼서 못 마시니까, 타이밍 잘 맞춰, 눈치 게임을 시작해야 한다. 전기 들어와 있을 때 후딱 마시고 오기.

특유의	일반 음식점과 달리 Traditional Restaurant은 에티오피아 전통 음악과 공연을 보면서 식사를 할 수 있는 곳이다. 일반적인 레스토랑에 비해 가격이 비싼 편이지만, 눈과 귀가 즐거워서 충분히 즐기고 올 수 있다. 여럿이 가면 여러 음식을 시켜 같이 먹으니까 질리지 않고 맛있게 먹을 수 있다.
리듬	

공연 시간이 되면 악기 팀이 먼저 시작 소리를 알리며 연주하기 시작한다. 그렇게 흥겨운 공연이 이어져 간다. 다소 정신 사납게 느껴지기도 하지만, 에티오피아 음악 문화의 한 부분이라고 생각하면 느낌이 다르다. 공연을 보면서 에티오피아만이 가지고 있는 음악과 춤의 미학을 느낄 수 있었다.

부족 고유 스타일의 다른 춤을 엿볼 수 있고, 흥을 유발하기도 하고, 중간중간 댄서들이 무작위로 몇몇을 무대 위로 불러 함께 춤추며 놀기도 한다. 왠지 이런 분위기에 음식 맛도 좋으니 나도 모르게 흥이 올라 어깨가 들썩들썩 거리며 같이 온 동료들과 분위기를 즐겨본다.
에티오피아 특유의 음악 리듬이 있다. 드둥 드둥. 트로트 같다고 해야 하나? 가수들의 목소리에는 늘 떨림이 있다. 바이브레이션이 아주 기가 막힌다. 듣고 있다 보면 은근 중독 돼서 슬쩍 따라 부를 때가 있다.

따가운 햇빛 아래, 동네 사람들의 발걸음이 왠지 북적북적하다. 많은 사람이 모인 곳에는 늘 소매치기도 함께 있는 법인데 오늘도 소매치기한테 당한 사람의 울분 목소리가 울려 퍼진다.

서로 먼저 집었다고 실랑이하는 목소리, 깎아 달라 흥정하는 목소리, 비닐봉지 판다고 돌아다니며 소리치는 아이들 목소리, 닭들의 퍼덕이는 날갯짓 소리와 울음소리, 핸드벨을 울리며 동냥 구걸하는 걸인들의 목소리, 어떤 사연인지 사람들을 불러 모아 열심히 침을 튀기며 하소연을 하는 사람의 목소리.

온갖 소리들의 집합소

아주머니들끼리 모여 앉아 곡식에 섞인 모래와 먼지를 걸러내며 수다를 떠는 모습들을 본다. 시장의 모습은 세계 어딜 돌아 다녀봐도 다 비슷한 모습들을 하고 있음을 느낀다.

다만 염소, 양, 소, 당나귀의 울음소리를 들으면 '아, 여기는 에티오피아지' 하는 온갖 소리의 집합소가 시장이다.

데브라
자이트

Debre
zayt

데브라자이트는 에티오피아 동남부지역에 있는, 자그마한 호수들이 여럿 있는 휴양 도시다. 수도 아디스아바바에서 차를 타고 1시간 정도 가면, 호수 주변으로 꽤 멋진 리조트들을 볼 수 있다. 자주 갔었던 babogaya lake hotel은 한적하고 넓어 한 바퀴 돌며 산책하기 참 좋았

다. 호수를 바로 앞에서 보며 간단한 식사를 할 수 있는데 경치 구경하고 쉬기에 딱 좋다. 커플들도 예쁘게 차려입고 데이트를 즐기는 모습이 보인다. 어떤 커플은 호수를 배경으로 호텔에서 웨딩 촬영을 하기도 한다.
개발이 덜 되어 유명한 관광지가 아니라서 그런지 어딘지 모르게 조금은 촌스럽게 느껴지기도 한다.

귀국하기 몇 달 전엔 민족 간의 갈등으로 터진 반정부시위가 격해져서 데브라자이트 지역에서 무장군인들 및 경찰들과 주민들의 대립으로 수많은 인명 피해가 있었다. 정부는 6개월간의 국가비상사태를 선포했고, 전국의 무선네트워크를 차단하면서 나라 상황은 더 격앙되어가는 상황이 되었었다.

배경을 조금 설명하자면 이렇다. 에티오피아는 80개 정도의 민족들이 모여 사는 나라다. 그 중에서 현재 정권을 쥐고 있는 민족은 Tigray(티그라이)족으로, 에티오피아 전체 인구의 6~7% 정도이다. 반면 에티오피아의 대다수를 구성하는 민족은 암하라족과 오로미아족이다. 정권을 쥐고 있는 티그라이족들의 경제적인 차별 문제로 암하라족과 오로미아족을 위협하는 일들이 계속 이어지고 있었다.

아디스아바바(현재 에티오피아의 수도) 확장 플랜을 추진하는데 다른 지역을 아디스아바바에 행정구역으로 편입시켜 수도를 확대하면서 갈등은 극에 달하였다. 암하라민족과 오로미아민족의 고유한 영토를 빼앗는 일이기에 서로간의 갈등이 심해질 수밖에 없다.

에티오피아 정부에서는 이런 상황과 소식을 외부에 나가지 않게 쉬쉬하고 있어 나도 동료들을 통해 전해 듣곤 했다. 얼마 전에 들렸던 평화로운 곳에서 이런 사건들이 나오니 안타까우면서도 한편으로는 내가 사는 티그라이주 사람들과 상관없어 다행이라는 생각도 들었다. 다만, 에티오피아에 평화가 찾아와 억압받는 이들의 아픔을 다독여주었으면 하는 바람이다.

새삼,

어머니의
존재감이

한 달 동안 엄마가 이곳에 왔던 적이 있다. 나는 어려웠던 아이들과 만남을 엄마는 참 쉽게도 친해졌다. 역시 '엄마'는 아이들을 잘 다룰 줄 알며, 금방 친해지는 스킬을 가졌다. 심지어 우르르 몰려와 따라다닌다.

사는 집이 나 혼자서 관리하기엔 너무 큰집이어서 청소를 도와줄 사람이 필요했다. 호텔 생활하면서 친해진 친구가 귀국하기 전까지 집의 청소를 담당해주었는데, 그 친구도 엄마를 참 좋아해 주었다. 엄마가 곧 올 거라는 소식에 좋겠다며 누구보다 기뻐해 주었고, 처음 엄마를 만났을 때 환하게 웃어주며 오랜만에 만난 사이처럼 끌어안고 반갑게 인사해 주었다.

요하네스 가족들도 엄청난 환대를 해주었다. 엄마의 어설픈 영어에도 무슨 말을 하려는지 집중해서 끝까지 들어주고 이해하려 하고 편하게 대해 주었다. 내가 좋아하는 함바샤를 따끈따끈하게 만들어 맛보라며 가져다 주고, 집에 초대해 현지식과 피자도 만들어주고, 커피도 함께 마시며 하나라도 더 챙겨주었다.

동네 한 바퀴 할 때마다 마주치는 에티오피아 사람들도 엄마에게 친절히 다가와 주었다. 물론, 엄마도 그들과 소통하고 싶어서 나한테 간단한 현지어도 배우고 먼저 다가가 웃으며 인사하고 말 걸어보며 노력을 했다. 특히 아이들에겐 친구 같은 존재가 되었다.

여행, 살아보는 거야

엄마의 귀국이 며칠 남지 않은 날, 청소해주는 친구도 글썽이며 가지 말라고, 안 가면 안 되냐고 서운한 마음을 감추지 못했고, 요하네스 가족들도 선물을 준비해주며 다음에 또 만나기로 하며 아쉬운 기약을 했다.

엄마를 보내고 집으로 돌아와 문을 열고 들어가는데 울컥했다. 10개월 만에 만난 엄마와 반갑게 한 달 동안 복작복작하다가 다시 또 혼자라는 느낌이 확 와 닿으며 쓸쓸했다. 다시 요하네스 가족들에게 의지를 많이 했다. 그들과 대화하면서 느낀 것은 그들의 기억 속에 엄마는 참 따뜻하고 사랑스러우며 강인한 여성이었다는 것이다.

"선아! 너의 어머니를 보면서, 그녀가 너를 얼마나 사랑하는지 느꼈어. 한국말이어서 못 알아들었지만, 눈빛과 행동에서 말이야. 그녀는 참 좋은 어머니야, 또 보고 싶다"

새삼 엄마의 존재가 가슴 깊이 느껴졌다.

여행, 살아보는 거야

내가 집을 얻어서 이사할 수 있게끔 실질적으로 도와준 하드구 아저씨가 있다. 집주인과 계약할 때도 불이익을 받지 않게 나의 요구사항을 집주인에게 잘 전달해주고, 잘 조율해준 아저씨, 늘 나를 보살펴주고 안심하게끔 해준 아저씨.

하드구
아저씨

"아저씨, 냉장고가 고장 난 것 같은데 어떡하죠?"
"기다려, 테크니션 바로 알아봐 줄게."
"아저씨, 집 천장에서 물이 새는데 어떡하죠?"
"기다려 봐"

집 마당에 있는 큰 나무로 내가 불편을 겪어 찡찡댈 때, 아저씨는 기꺼이 집에서 톱을 가져와 손수 베어주며 걱정하지 말라고 다독여 주기도 했다. 길에서 우연히 마주치면 '씩' 웃으며 차 한 잔 사주기도 하고, 자신의 사무실에 데리고 가서 사탕 주며 시시콜콜한 잡담도 한다. 아드와 교육청 supervisor지만 현실에 안주하지 않고 부지런히 공부도 놓지 않는 성실한 사람이다.

에티오피아에서 지내는 동안, 옆집 요하네스 식구들 외

에 유일하게 내 집에 초대한 에티오피아 사람은 하드구 아저씨였다. 집 초대받아서 방문할 때는 바나나를 들고 오는 게 예의(?)라서 아저씨는 바나나를 양손 무겁게 가득 들고 왔었다. 차 한 잔 쿠키 하나씩 하며 이런저런 이야기를 나누는 시간을 보냈었다.

엄마가 왔을 때는 바쁜 시간 내주어서 함께 커피를 마시며, 딸의 안전을 걱정하는 엄마에게 든든한 이웃집 아저씨의 면모를 보여주기도 했다. 오래 연락이 없으면 먼저 안부도 물어봐 주는 착한 아저씨다.

외국인 특히 여자 외국인이 혼자 사는 집인 걸 알면 맘 나쁜 에티오피아 사람들은 그 집에 훔칠 게 많아 보여 도둑들도 많이 꼬이게 된다. 실제로 사무소에서는 에티오피아 사람들을 초대하지 말라고 신신당부를 하기도 한다. 그래도 내 주위엔 나를 외국인이라기보다 친구로, 딸로 여겨주는 사람들이 많아 일 년 동안 맘 편히 든든하게 잘 지낼 수 있었다.

손톱 달이
뜨면

유난히
예쁜

하늘

Ⅳ · 점점 스며들다

정(情)의 연결고리

에티오피아인들의 주식인 인제라는 인도 음식 중에 커리와 같이 먹는 난 같은 것으로 '테프'라는 곡식을 빻아 물과 함께 반죽해서 3~4일간 발효시킨 후 전통 오븐에 구워서 손으로 뜯어 먹는다. 돌돌 말려있지만 집어 들어 접시에 펼치면 부드러운 팬케이크 같다. 겉보기와는 다르게 향과 맛이 굉장히 톡 쏘는 데 신맛도 강하다.

발효를 어느 정도 하느냐에 따라 다르고 집집마다 특성이 있다. 어느 집에 가서 먹어보면 굉장히 시고 어느 집은 시다고 잘 못 느낄 정도로 종류도 여러 가지다. 인제라 위에 고기가 올라가기도 하고, 채소만 올라가기도 하고, 고기와 채소 모두 올라가기도 한다.

내가 좋아하는 건 매콤한 양념을 사용해서 볶은 양고기 혹은 소고기 음식으로 '워뜨'라고 한다. 한국스타일로 치면 '제육볶음' 같은 것이다. 여러 종류의 채소들만 짭쪼름하게 간해서 볶아 올린 '바이오네뜨인제'라도 좋았다.

처음 여행 왔을 때, 에티오피아 친구 집에 초대받아서 갔는데, 맛있게 차려준 음식을 잘 먹고는 그날 밤부터 심하게 설사와 구토를 하기 시작했고, 거의 2~3일을 죽다 살아난 경험이 있다. 그 후로 트라우마 때문에 웬만하면 '인제라'와 같이 먹는 고기 음식들은 한동안 입에 대지 않았었다. 현지인 집에 초대 돼서 음식을 권해도 미안하다고 거절했었는데 많이 서운해하더라.

요하네스 집에서 같이 지내기 시작하면서 웨이니가 해준 음식들은 하나같이 다 맛있고 입맛에 맞아서 가끔 권하면 받아먹었다. 지금도 가끔 매콤한 고기요리들이 생각이 난다.

아는 사람이 식사시간에 방문하면 '인제라'와 음식들을 내어주고, 구걸하는 사람이 문을 두드려 음식을 구하면 친절히 내어주고, 친척들이 오거나 또는 식구들끼리 또 정성스럽게 내어주며 같이 둘러앉아 먹고 마신다. 인제라는 이들에게 주식이기도 하지만, 한편으로는 정(情)의 연결고리인 것 같다.

손톱 　손톱 달이 뜨면
달 　유난히 예쁜
　에티오피아 하늘

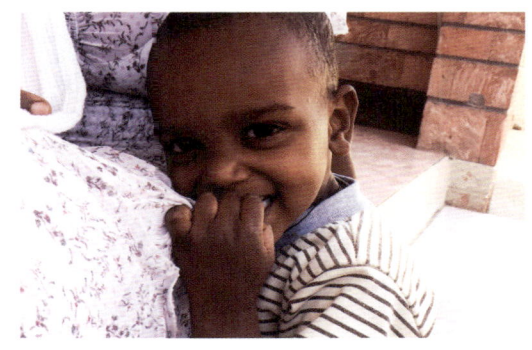

그렇게   행복
꿀 떨어지는 표정으로
날 쳐다보면
내가 너무 행복하잖아

점점

스며들다

에티오피아는 아프리카 중 유일하게 유럽의 식민 지배를 받지 않은 독립국이었다. 그렇지만 뒤늦게 식민지 침략에 눈 뜬 이탈리아가 나타나서 애매한 조약을 협상하며 에티오피아를 지배하려고 왕위 계승에 간섭했다. 하지만 당시 황제인 메넬리크2세는 호락호락하게 넘어가지 않았으며, 조약 파기를 선언했고 이때부터 이탈리아의 침공은 시작되었다. 이것이 아드와 전투의 시작이다. 황제는 최대한의 무기와 병력을 내세워 철저하게 대비를 했고, 이탈리아군의 선공을 막아낸 후 이탈리아군을 포위하고 제압하여 큰 승리를 거두었다. 이 전쟁의 승전지가 바로 내가 사는 adwa(아드와)다. 에티오피아군들은 adwa(아드와)의 지형과 산을 잘 이용한 셈이다.

이런 역사가 있어서인지 동네 사람들은 자존감이 매우 높고, 아드와 전투를 자랑스럽게 여긴다. 하지만 위대한 역사가 있는 동네 치고는 잘못 지나치면 기념비도 못 알아볼 만큼 작게 세워놓고, 관리도 제대로 안 하고 있다. 그래도 늘 평화로운 동네다. 큰 사건사고도 없고(자잘한 소매치기범은 있으나) 한결같이 고요한 동네이다. 그만큼 놀 것도 없지만 서두르지 않는 사람들의 발걸음에 차도 많이 다니지 않아 여유가 느껴지는 곳이다.

adwa(아드와)는 인구 4만 명 정도 되는 곳으로 외국인들이 스쳐 가는 동네가 아니라서, 에티오피아 사람들은

여행, 살아보는 거야

외국인을 보면 짓궂게들 관심을 보이긴 하지만 선한 마음으로 불편을 주지 않으려고 한다.

짧은 시간 동안 이탈리아의 영향을 받아 이탈리아 선교사님이 지은 학교가 있는데, 유치원부터 고등학교까지 이어져 있는 큰 건물을 가지고 있고, 들어가면 도시와는 또 다른 느낌이다. 종종 그 안에 있는 성당에 가서 예배도 드리고, 운동장에서 운동도 하고 놀이터에서 쉬고 오기도 했었다.

마을을 돌아다니면서 점점 얼굴을 알아가고, 인사를 나누는 사람들도 많아지고, 친해지는 사람들이 많아지면서, 나도 동네 주민 중의 한 사람이구나 싶은 마음이 들 정도로 adwa(아드와)에 점점 스며들게 되었다.

여전히	에티오피아인들에게 돌이란 무엇일까 에 대해서 곰곰이
이해하기	생각한 적이 있다. 왜 자꾸 돌을 집어 던질까? 왜 하필 돌일까? 율법을 굉장히 중요시 생각하는 그들이어서 그런 걸까? 성경에 보면 돌에 대한 이야기가 많이 나온다.
힘든 문화	흔한 것이 돌이라서 그럴까? 아직도 정답은 모르겠다.

언젠가 출근하는 길이었다. 어떤 애가 내 등 뒤에서 돌을 던져 내 발 아래로 떨어졌다. 슬슬 잦아지는 돌 던짐에 나는 악이 오를 때로 올라있던 상태였다. '오냐 너 잘 걸렸다'하며 뒤돌아서 그 아이를 눈 찢어지게 째려보고 온갖 소리를 다 지르며 다가갔다. 길 가던 사람들과 가만히 지켜보던 사람들이 상황의 심각성을 알았는지 나를 말리며 아이에게 연신 혼을 내고 사과를 하라고 다그

친다. 그 녀석은 정중히 사과했다. 이날 이후로 며칠 동안 그 녀석은 나를 보면 숨었다.

언제는 자꾸 내 집으로 돌을 던지고 도망가는 무리가 생겼다. 대충 의심 가는 아이들이 있었지만, 딱히 물증이 없었다. 1층 거실에서 밥 먹는데 쾅 소리가 나서 내다보니 현관문 앞으로 큰 접시만 한 돌덩이가 떨어져 있었다. 의심가는 아이를 길에서 마주친 적이 있는데 옆에 있던 에티오피아 친구한테 '쟤야 쟤라고!!!! 쟤가 내 집에 자꾸 돌 던지는 애야!!'라고 말하니 그 친구가 엄청 혼을 내주었고 이후로 돌을 던지는 일은 없어졌다.

아이들끼리 돌을 던지며 놀기도 하고 싸우기도 한다. 에티오피아 대부분의 사람의 얼굴엔 돌로 인한 상처가 많이 남아있다. 해리포터의 번개 모양 상처처럼.
경찰서에 가서 돌 맞았다고 신고하면 '돌 맞은 거 가지고 여기까지 왔어?' 식의 반응을 하기도 한다. 돌을 던진다는 것은 이들의 문화 또는 놀이이기도 하다. 순간순간 주먹보다 큰 돌이 내 옷깃을 스쳐 떨어지면 생명의 위협을 느끼기도 했다. 짓궂은 아이들은 나를 발견하고 돌을

집어 든다. 나도 집어 들고 서로 던지기도 하는데 '아니 얘들은 무슨 돌 던지기 시합이라도 하나 왜 이렇게 멀리 잘 던지지'하고 혼자 씩씩거리며 도망간다. 지금 생각해도 참 아찔한 순간들이었다. 귀국할 때쯤엔 돌에 대한 트라우마가 생겨서, 돌이 굴러다니는 소리만 들어도 흠칫거리며 두리번거렸다. 익숙할 법도 하지만, 익숙해 지지 않는 에티오피아 문화 중에 하나이다.

이웃집 요하네스의 딸 머스렛은 제일 친하게 지냈던 친구다. 비록 여섯 살의 어린아이지만 나와 잘 통하고 비슷한 구석이 많은 친구다. 처음 만났을 때부터 이 친구는 나에게 마음을 활짝 열며 다가와 주었다.

사랑스러운 아이, 내가 가진 긴 생머리가 늘 이 친구의 인형 놀이가 되었고, 항상 내 얼굴을 비비적거리며 '선아는 내 아기야! 내가 키울 거야!'라며 소중히 대해주었다. 아침마다 내 방에 슬금 들어와 내가 잠이 깰 때까지 기다렸다가 눈을 뜨면 학교놀이를 시작하기도 했다. 마당에서 누가 1등으로 잘 뛰나 레이스 놀이, 누가 이쁜 표정 잘 짓나 셀카놀이, 배고파하면 먹을 것도 직접 가져다주고, 나에게 한국말도 배우고, 늘 내게 껌딱지처럼 붙어있는 머스렛이었다.

때때로 말도 안 듣는 호기심 많은 여자 아이기도 했다. 같이 살기 시작하면서 머스렛은 내 방이 늘 궁금했나 보

언니

그리고

동생

여행, 살아보는 거야

다. 내가 나가고 없을 때 몰래 들어와 이것저것 만지고 먹고 샴푸를 뿌려놓기도 했다. 일하는 순간에도 달려와 놀자고 떼를 쓴다든가, 조금 귀찮으면서도 서로 투덕거렸다.

한번은 요하네스가 몸이 아파 치료를 받느라 집을 한 2주 정도 오래 비운 적이 있는데 내가 이 친구의 유치원 등하원을 담당했었다. 작고 고사리 같은 손을 아침, 점심, 저녁으로 잡고 왔다 갔다 하는데, 외동인 내가 이 친구의 친언니가 된 것 같고, 내 친동생이 된 것 같고, 가족이 된 것 같았다. 손을 오래오래 잡아주고 싶었다. 그래서 귀국하기 전날까지도 나는 틈만 나면 머스렛의 손을 잡으려 했고, 눈 한 번 더 마주치려 하고 안아주고 그랬다. 집을 떠나는 날, 서로 닭똥 같은 눈물을 흘리며 마지막 인사를 나누었다.

"Meseret!! I Love you!!!!"
"Don't cry Suna, I love you so much!!!"

| 마키아토 | 에스프레소에 우유 그리고 설탕 크게 한 스푼. 한국의 믹스커피 같은 맛이기도 하지만, 텁텁하지 않고 부드럽게 넘어가는, 에티오피아에서만 맛볼 수 있는 에티오피아 마키아토다.
진한 커피를 잘 못 마시는 나에게 제격이었고, 일상에서의 소소한 외출이었고, 기분 전환을 해 줄 수 있는 매개체였다.

카페 몇 군데서 하루는 친구와 수다 떨면서, 하루는 혼자 노트북 들고 여유롭게 작업하면서, 하루는 출퇴근길에 가볍게 호로록 마키아토와 함께했다. |

특히 햇빛이 강한 날, 걷다가 잠시 카페에 들러 한잔 마시는 마키아토는 참 시원하다고 느낄 정도로 당 충전과 목마름을 해결해 주는 해결사였다.
물론 한국에서 볼 수 있는 예쁜 컵도 아니고, 멋있는 라떼아트도 없다. 머신에서 에스프레소를 뽑고 우유를 따뜻하게 스팀 해서 나오는 모습은 투박하다. 게다가 넘쳐서 컵받침으로 흘러내리기도 하고 우유 때문에 가끔 배에 탈이 나기도 했었다.

그런데도 끊을 수 없었던 매력적인 마키아토.

여행, 살아보는 거야

요하네스 딸 머스렛의 생일이다. 펜을 들어 나에게 늘 환한 웃음과 애정 가득한 따뜻함으로 대하는 고마운 마음을 담아 카드에 편지를 썼다. 머스렛의 생일에는 친한 에티오피아 사람들과 친척들이 모였다. 먹고 마시고 얘기하고 노래하고 춤을 추었고, 머스렛의 얼굴에는 온종일 들뜸과 설렘으로 행복의 온기가 가득했다.

그 며칠 뒤 나의 생일이 왔다. 마침 엄마가 와서 아침 일찍부터 생일상 차려주기에 바빴다. 김밥, 잡채, 떡볶이, 소고기미역국으로 한 상 가득. 요하네스 식구들과 수교가 왔고, 또 한 번 우리는 음식을 나누며 내 생일을 함께했다.

함께하기

좋았던 날

외롭게 보낼 뻔했던 타지에서의 생일을 특히 엄마와 함께 그리고 좋아하는 요하네스 식구들, john과 함께할 수 있어서 행복하고 뭉클했던 날이었다.

그리고 생일 축하한다며 아이들이 손에 쥐여 주는 편지 2장, 스펠링이 틀려 완벽한 문장은 아니지만, 나를 향한 이들의 사랑과 우정이 흠뻑 담긴 생일 카드였다. 더불어 요하네스와 웨이니에게 들고 다니기 좋은 예쁜 가방 선물까지 받았다. 아마 이 날은 나의 얼굴에도 며칠 전 머스렛의 얼굴에서 보았던 행복의 온기를 띄었으리라.

함께 하기 좋았던 우리의 어느 날.

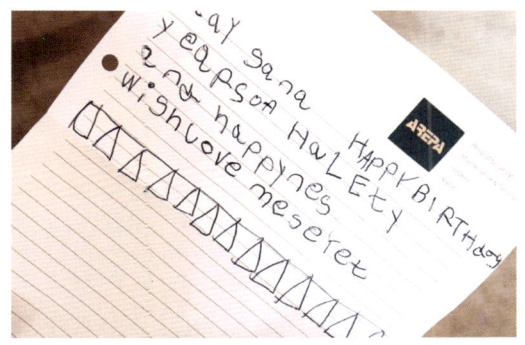

꼰조? 좋다, 예쁘다, 멋있다, 맛있다 등
무언가가 꽤 마음에 들 때,
꼰조! '꼰조'는 끄덕끄덕 대신 공감을 표현하는 말이다.

마음에 드는 물건을 봤을 때,
예쁜 사람을 봤을 때,
멋있는 사람을 봤을 때,
맛있는 음식을 맛봤을 때,

그럴 때 우린 서로 통했다는 듯이 미소를 지으며 엄지 척과 함께,
"꼰조?"
"꼰조!"

점심은 뭘 해 먹을까 냉장고를 뒤적거리는 데 냉장고의 모터소리가 맥아리 없어지더니 꺼진다. 정전이다. 터덜터덜 거리며 방으로 올라왔다. 금방 들어오겠지 싶었지만, 어느새 3시간이 지났다. 배가 고파 침대에 가만히 누워 낮잠을 청해본다.
정전되면 비상식량(초코파이 같은 과자)으로 대충 때우고 기다리는 동안 방 정리를 하거나 옆집으로 수다를 떨러 놀러 나가기도 한다. 해가 떠 있을 때 정전이 되면 그래도 활동적으로 움직일 수 있지만, 해가 진 다음에 길게 정전이 되면 할 게 마땅치 않다.

어느 날, 길어지는 정전 탓에 노트북도 배터리가 다 되어 꺼지고, 핸드폰도 먹통이다. 일찍 자야 하나 하다가, 양초가 보여서 성냥에 불을 붙이고 초를 켜봤다. 작은 초지만 뜻밖에 빛이 밝아서 가까이 놓으니 책도 어느 정도 볼 수 있었다. 온 동네가 컴컴하고 고요하던 와중에 내 방안을 은은하게 밝혀주는 초로 따스함이 느껴지고, 마음도 차분히 가라앉는다.

창밖으로 동네를 훑어보니 모두 초나 손전등을 켜고 가

따스하고

차분했던 날

족들과 도란도란 이야기꽃을 피우나 보다. 그만 자려고 침대에 누워 커튼 사이로 보이는 창문 밖을 힐끗 봤는데, 하늘에 별들이 무수히 많아 반짝거린다. 동네가 온통 암흑이니 더 밝게 보이는 별들, 내 앞으로 쏟아져 떨어질 것만 같다. 그렇게 한참을 창문에 기대서 별구경에 빠졌다. 내가 이곳 아니면 또 언제 어디서 이렇게 청량하고, 맑은 하늘의 별들을 볼 수 있을까. 전기 없이 생활하는 게 불편하긴 하지만 의도하지 않게 정전으로 분위기 좋은 밤을 만났다.

아침부터 동네방네 아이들의 노랫소리와 북소리가 울려 퍼진다. 문을 열고 빼꼼, 한 아이와 눈이 마주쳤다.

아센다

"선아다!!!!! 얘들아 저기 선아다! 가자!"
허겁지겁 다시 닫은 대문을 아이들은 힘차게 두드린다.
못 이기는 척 다시 문을 열어 빼꼼하니, 씨익 웃으면서
아이들이 내 앞에서 열심히 북을 치고 노래를 부른다.
"오늘은 우리에게 먹을 걸 주던지, 돈을 줘야 해!"

"왜냐구? 오늘은 아센다 날이니까!"

이날은 길 어디를 걸어도 떼 지어 골목을 누비는 무리를 만나야 한다. 한 골목 지나 만나고 또 조금 걸어 한 골목 지나서 만나고를 반복한다. 길을 가야 하는데 사람을 붙잡고 있으니 성가시고, 마주치는 무리마다 돈을 줘야 하니 어느 순간부터 슬슬 피해 돌아가기도 한다.
무리에게 붙잡힌 어떤 에티오피아 사람은 아이들에게 5birr, 또는 10birr를 준 후 서로 웃고 지나간다. 집으로 돌아오는 길에 마주친 한 무리는 나를 보고 다가오며 노래를 부르기 시작하는데 내가 먼저 선수를 쳤다.

"나 돈 없어 미안해" 하니 어떤 여자아이가 나를 툭 때리고 지나친다.

"나 진짜 현금도 없고 사탕도 없는데, 없는 게 맞을 일이냐!!" 괜히 억울하기도 하고.

비가 슬금슬금 내리는 늦은 오후, 한 무리가 빗속에서도 원을 그리며 북소리를 내고 노래를 부른다. 그녀들만의 축제를 신나게 즐긴다.

"우리의 목소리를 들어주세요"

　아셴다 : 북부 티그라이주의 여성들을 위한 최대 축제. 여성들의 고달픈 삶을 풍자하고 미화하는 노래로 세리머니를 펼친다. 마주친 사람들은 댓가(?)로 소정의(몇 birr) 돈이나 사탕 같은 것을 준다.

teacher,

Suna!

새 학기가 시작이다. 아이들은 방학 동안 다들 동네를 떠나 놀다가 학기가 시작이라 슬슬 동네로 돌아왔나 보다. 한동안 뜸했던 '짜이나 짜이나' 소리를 들으며 출근을 했다.

학교가 새 건물로 이전해서 좀 더 나아진 환경에 학생들이든 선생들이든 다들 설레하면서도 낯설어했다. 그동안 지저분하고 낡아 쓰러질 듯한 오래된 건물, 멀쩡하지 않은 책걸상에 여러 명이 다닥다닥 붙어 앉아서 공부하다가, KOICA의 지원으로 학교답게 운동장도 넓고, 건물도 잘 지어진 쾌적한 환경에서 공부할 학생들을 보면서 나 또한 설레었다.

학생들과 인사하며 한 바퀴 돌아보는데, 새 건물로 이전하기 전까지 학교에서 있었던 일이 떠올랐다. 에티오피아 동료들과 의사소통의 문제로 오해를 여럿 받아 마음고생도 했고, 실험실에서 학생들의 방문 및 질의응답식의 교육을 진행했지만 유난히 과학 과목에는 무기력한 학생들을 보면서 나까지 무기력했던 시간이 떠올랐다.

고작 두세 달 전까지의 일들이었는데도, 그런 시간을 생각하면서 웃음이 나오고 아무렇지 않게 느껴지는 걸 보니 역시 시간이 약이긴 하구나 싶었다. 지치고 외로웠던 나의 공간에, teacher, suna하고 수줍게 다가와서 나의 노력을 알아준, 친하게 지냈던 몇 안 되는 학생들이 있어서 가능했던 것일까.

후회를 남기지 않고 돌아가는 것이 중요하다고 생각했기에 나름대로 열심히 교육 봉사를 했다고 생각했지만, 그래도 더 시드해볼 걸 혹은 더 잘해줄 걸 같은 아쉬움이 남는다. 정을 들이고, 내 노력이 닿는 것에 늘 아쉬움이 생기는 건 어쩔 수가 없는 것 같다.

여행, 살아보는 거야

어디로 가는지도 모르고 한참을 달려 도착한 한 음식점, 정전이었는지 촛불만 켜져 있는 로맨틱한 분위기에 맛있는 숯불 고기 냄새가 가득했다. 어두운 분위기 속에 외국인은 우리뿐이라 시선도 많이 받았고, 얼굴이 잘 보이지 않는 에티오피아 사람들 속에 괜히 움츠려져 음식만을 기다렸었다.

처음 에티오피아 여행 때 먹은 음식이 '샤크라뚭스' 인데, '샤크라'라고 불리는 에티오피아식 작은 숯불 화로 안에 '뚭스'라고 불리는 먹기 좋게 잘라 나오는 양고기 또는 염소고기와 양파가 구워져 나온다. 숯불 바비큐 같으면서도, 한국에서 먹었던 양고기와는 완전 다른 식감, 맛, 향에 한동안 '샤크라뚭스' 앓이를 했었다.

샤크라뚭스

우기가 되고 날이 추워지면 따뜻한 음식이 생각났는데. 특히 샤크라뜹스가 많이 생각났다. 추운 날, 자작자작하게 졸아지고 있는 양념과 먹기 좋게 잘려 나온 고기가 숯불 화로 안에서 뜨겁게 구워져서 나온다. 화로 앞에서 몸을 따뜻하게 하며 매콤한 현지식 소스에 살짝 찍어 먹으면서 맥주 한잔한다. 돼지갈비에 맥주 조합이랄까. 그 자리에서 한 그릇 뚝딱이다.

내가 살았던 도시에는 아무리 찾아봐도 샤크라뜹스를 파는 곳이 없었다. 결국, 입맛만 다시며 옆 도시로 놀러 가는 날이나, 수도에 가는 날에 맛을 볼 수 있었다.
오랜만에 마주한 샤크라뜹스는 여전히 맛있었고, 처음에 맛보았던 집의 분위기와 맛은 아니지만, 얼추 비슷한 맛에, 이걸 먹을 수 있는 게 어디야 라는 만족감을 얻을 수 있었다.

동네에 참 짓궂은 (특히 남자) 사람들이 많다. 분명 내가 한국인이라는 걸 알면서도, 놀리고 싶게 생겼는지. '짜이나 짜이나' 한다. 그런 소리를 들으면 무시하고 지나가기도 하고, 한번 째려봐 주기도 하고, 같이 욕하기도 하고, 나 한국인이라고 소리치며 멱살 잡고 얘기를 하기도 한다(외국 나가서는 애국자가 된다는 말이 맞나보다).

내 모습이 어떤 이에겐 참 짠했나보다. 어느 날, 외출하려고 대문을 열고 열쇠로 문을 잠그는데 내 눈에 들어온 건 대문에 하얀 분필 같은 거로 큼직하게 정 중앙에 쓰인 "SUNA. KCREA"라는 글씨. 밑줄까지. 이런 고마운 사람이 있나. 그 글씨를 한참을 들여다봤다. 알파벳도 참 예쁘게, 정성스럽게도 써 놓았다. 놀림당하고 우울해하는 내가 얼마나 안쓰러웠으면, 이런 글씨를 다 써주고 가나 싶다. 다섯 글자에 나는 한동안 위로를 받았었다.

'토닥토닥'
'힘내'
'누가 뭐래도 넌 한국인'
이게 바로 힘 있는 침묵의 위로가 아닐까.

힘 있는

위로

씩씩거리며 에티오피아 친구들에게 쟤가 이랬어. 저랬어 찡찡대며 위로를 바라면, '신경 쓰지 마~ 쟤네 원래 저래. 나쁜 애들이야.' 하고 마니까, 전혀 위로를 받지 못했었다. 말보다는 이런 말 없는 위로가 더 확 와 닿는 것 같다.

한국으로 휴가를 가 있는 동안, 에티오피아 옆집 요하네   커피
스 식구들에게 무엇을 선물해야 할지 고민이 많았다. 한
창 외모에 신경 쓸 나이인 아이들에겐 옷을 준비했고,   앤
웨이니와 스라텡야(가정부)에겐 예쁜 속옷을 준비했다.
문제는 요하네스에게 줄 선물. 한국에서든 에티오피아   수다
에서든 남자에게 줄 선물 고르기는 왜 이렇게 어려운 걸
까. 요하네스가 담배와 술을 하니까, 괜찮은(?) 담배와
술을 사 갈까 했다가도, 왠지 소모성 선물을 하긴 싫었
다. 오래오래 간직하면서 나를 생각해줄 수 있을 만하고
한국의 느낌이 들어간 선물을 하고 싶었다. 날마다 고민
한 끝에, 출국하기 이틀 전, 삼청동 어느 가게에서 눈에
띈 핸드메이드 도자기 찻잔 세트와 나무받침대를 샀다.
에티오피아인들이 평소에 커피를 마시고 커피 세리머니
를 할 때 사용하는 잔이 한 손에 들어오는 작은 잔이어
서, 도자기 찻잔 세트를 주면 참 좋겠다는 생각이 들었
다. 요하네스 가족들도 매일매일 커피를 즐겨 마시니까
더더욱.

함께 즐거운 크리스마스를 보낸 다음 날 오전, 웨이니는
커피를 준비하기 시작했다. 내가 선물해준 잔에 마셔보

겠다며 서로 원하는 색깔의 잔에 마실 거라고, 이 잔 내 꺼! 이러면서 낄낄낄. 커피콩을 볶고, 절구에 빻아 갈아진 커피 가루를 물과 함께 끓여서 잔에 따랐다.

다섯 색깔의 잔 중에 각자 고른 색은 요하네스 검은색, 웨이니는 푸른색, 나는 분홍색. 나무받침대에 올려진 잔들이 제법 잘 어울린다. 약간 쌍화탕(?), 한약 같기도 한 것이.

에티오피아인들이 길거리 커피를 마실 땐, 다같이 둘러앉아 작은 잔의 커피를 여러 잔 마시면서 수다를 떤다. 커피잔에 커피가 따라지기까지 시간이 꽤 걸려서, 대화를 시작하면 커피가 나오고, 커피를 마시면서 본격적인(?) 수다가 시작. 길게는 2시간까지도 그 자리에 앉아 이런저런 대화가 오간다.

요하네스와 웨이니와 나는 커피를 마시며 거의 2~3시간을 수다 삼매경에 빠졌다. 휴가를 뭐하며 보냈는지 부터 홍콩은 어떻고, 중국은 이렇고 저렇고, 한국은 어떻고, 세계적인 이슈, 웨이니의 2세 걱정, 요즘 읽고 있는

책 내용 등등 중간중간 대화가 산으로 가기도 하지만 의미 있는 대화였다. 매일 보고 지내는데 어쩜 그리도 대화가 끊이지 않는지. 이들과 하루하루를 보내면, 시간 가는 줄 모르고 참 재미있다.

커피랑 먹으면 괜찮을 것 같아서, 내가 좋아하는 찹쌀선과 몇 개 꺼내와 함께 나누기. 뜨겁게 끓인 커피가 잔에 따라지면 잔도 같이 뜨거워져 앗뜨, 후후 불며 호로록 마시고 자신들의 생각과 인생들을 풀어놓는 이 시간이 참 귀하다.

요하네스도 하는 말이, 네덜란드에서는 스타벅스 같은 커피숍에 들어가면 머신으로 뽑아내는(몇 초 만에 나오는) 커피를 들고 후루룩 마시고 일어나는 그런 바쁜 일상을 지냈는데, 에티오피아에서는 슬로우 라이프다보니까 참 괜찮다더라는. 나도 100% 공감. 이 시간이 아마 한국으로 돌아가면 힘들 것이다. 한국 가면 많이도 그리울 시간.

어떤
위로보다

따뜻한
위로

남부 지역에 있는 유명한 야외온천수영장으로 에티오피아 친구들과 피크닉을 갔다. 물이 귀한 나라에서 온천수영장이라니 생소하고 신기하면서도 둘러보는 내내 생각보다 잘 되어 있는 시설들에 놀랐다. 에티오피아에 이런 곳도 있구나 싶었다.

이곳은 원숭이 천국이었다. 방심은 금물, 야외 테이블에서 음식만 꺼냈다 하면 잽싸게 낚아채 달아나는 원숭이들을 볼 수 있다. 그중에서도 어린 새끼를 감싸 안고 있

는 어미원숭이에게 자꾸 눈길이 갔다. 동물 중에서 모성애가 가장 강한 동물이 원숭이라는데, 서로 껴안고 있는 모습을 보면서 가족이 생각났다.
동물이든 사람이든, 서로를 의지하는 어미와 자식의 모습에서 느껴지는 애틋한 정은 어떤 위로보다도 비교될 수 없는 따뜻한 위로가 되는 것 같다.

금강산도 식후경, 각각 싸 온 음식들로 배를 채웠다. 친구네 가족은 인제라와 스파게티를 싸 왔고, 나는 간단히

채소 볶음밥을 싸 와서 같이 나눠 먹으며 출출함을 달랬다. 맛있게 먹는 우리에게서 뭘 가져갈까 보는 원숭이 식구들에게도 음식을 던져 주었다.

친구네 가족은 갖고 온 튜브를 공으로 삼아 아들의 장난에 맞장구를 쳐주며 열심히 놀아준다. 슬슬 놀아보자며, 탈의실에 들어가 수영복으로 갈아입고 수영장으로 풍덩! 이때만큼은 나도, 친구네 가족도 어린아이처럼 신나게 물놀이하며 낄낄 웃었다.
지칠 줄 모르게 끝없이 물놀이하고, 폭포처럼 따끈한 물이 쏟아지는 온천탕에서 샤워 후, 우리는 테이블에 둘러앉아 따뜻한 커피 한잔으로 피곤한 몸을 녹였다.
굳이 오늘 어땠다는 말을 하지 않아도, 함께 함으로써 오늘 하루가 서로에게 따뜻하고 소중한 시간이었음을 우리는 알고 있었다.

Shalom=salam
에티오피아식 발음은 쌀람. 평화의 인사다.

Shalom!

쌀람

"안녕? 어때? 간밤에 평안했니?"

아는 얼굴들을 지나칠 때마다 악수와 함께 서로의 오른쪽 어깨를 부딪치며 나누는 인사
한두 번 부딪히면 형식적인 인사 또는 반가운 사이, 세 번 부딪히면 친밀함을 의미한다.

인사를 하고 가다 보면, 인사를 중요하게 생각하는 이들에게 나는 그저 악수만 하고 지나간 사이가 아니라, 어깨를 부딪치며 얼굴을 가까이하고 친밀하게 소통을 한다는 생각이 들어 기분 좋은 인사였다.

해피
뉴이어

에티오피아에서 두 번의 새해를 맞았다. 작년에는 혼자 외롭게 맞으며 별 감흥 없이 보냈었지만 이번에는 요하네스 가족들과 2016년의 마지막과 2017년의 처음을 함께 했다. 요하네스가 신났다.
에티오피아에서 살기 시작한 이래로 새해를 새해답게 보내는 게 처음이라는 그의 말에서 들떠있음이 느껴지면서도 오랜 세월의 외로움도 느껴졌다.
요하네스가 이런 말을 한 적이 있다. '나도 여기에 와서 웨이니와 사랑하고 결혼해서 머스렛도 낳고 잘살고 있지만, 고국이 아니기도 하고 여기에선 외국인이기에 채워지지 않는 외로운 날들이 있단다'.

요하네스가 준비한 다과상에는 다양한 종류의 와인과 빵이 있었다. 우리는 하나씩 나눠 먹으며 2016년의 마지막 날을 도란도란 얘기를 나누고 웃음꽃을 활짝 피우며, 재밌게 보낼 수 있었다. 웨이니는 음식 준비로 바빴다. 우리가 새해를 기쁘게 맞을 수 있도록 음식을 대접해주고 함께 해줘서 고마웠다.

텔레비전에서는 뉴질랜드의 새해 카운트다운이 시작되었음을 알려왔고, 우리도 카운트다운에 집중했다. 3, 2, 1 땡!!! 화려한 폭죽 불꽃들과 함께 '해피뉴이어'를 환호하며, 외치는 거리의 사람들을 카메라는 정신없이 보여주었다. 아직 에티오피아 시각으로는 몇 시간 남았지만, 우리도 기분 내자며 와인 잔을 부딪치고 미리 새해 인사를 나누었다. "Happy new year !!!!!"

> 에티오피아력 : 에티오피아는 세계 날짜 기준인 그레고리력이 아닌 고유한 달력인 에티오피아력을 쓰기 때문에, 세계 날짜로 1월 1일은 그들에겐 7년 느린 4월의 어느 날 그저 평일일 뿐이다. 그래도 수도에서는 가볍게 축하를 하고 넘어간다.

아디스아바바로 넘어가기 위해 기사 친구를 불러 짐을 싣고 공항으로 출발했다. 차 타고 공항 가는 내내 헤어지는 아쉬움에 눈물과 콧물은 쉴 새 없이 흘러내렸다.

차오차오, 에티오피아

귀국 준비를 하며 아드와에서는 못 해봤던 일인 예쁜 장미꽃 몇 송이를 사서 꽃꽂이를 해보며 숙소에 놔둔다던가, 맛있는 맛집과 카페를 탐방하는 일 등을 하며 아쉬움을 달랬다.

출국하기 위해 지인들의 배웅 속에 국제공항으로 와서 시원섭섭한 마음과 함께 짐을 실은 카트를 힘껏 밀며 들어왔다. 짐을 부치고 티켓팅을 하고 시간이 되어 비행기를 타고 창가 내 자리에 앉았다.

이륙하고 점점 멀어지는 에티오피아 땅을 보면서, 14개월 동안 에티오피아에서 지냈던 생활들이 긴 꿈을 꾼 것처럼 스쳐 갔다. 내가 에티오피아에서 살았던 게 맞나 싶을 정도로 현실 같지 않은 꿈처럼 말이다.

너무 받기만 한 것 같다. 내 성격에 분명 물질적으로나 마음 씀씀이 같은 부분에서 마냥 받지만은 않았다. 그런데도 떠나는 입장에서는 순간순간 생각나는 것들이 그저 아쉬움으로 가득했다. 더 주고 올걸. 더 나누고, 더 베풀고, 더 배우고 올걸. 부족한 나를 향해 지어주었던 미소와 웃음들이 지금 이 순간, 여전히 부족한 나라고 스스로 인정하게 만든다.

잘했든 못했든 그건 중요하지 않았다. 경쟁하려고 온 것이 아니니까. 정답도 없다. 정답은 스스로 만들어가는 것이니까. 그들과 함께 부딪히며 알게 모르게, 내 생각, 관념, 생활들이 조금씩 바뀌었고, 서로의 다양한 모습들을 통해 주고받고 소통하면서 많은 걸 배웠다는 것. 그것만으로 큰 후회 없이 조금은 홀가분하게, 담담하게 떠날 수 있는 것 같다. 다시 에티오피아 땅을 밟게 된다면 조금 더 사랑하는 법을 배워와 나눠줄 수 있기를 희망해 본다.

따뜻한 담요

요하네스 식구들의 마음이 담긴 담요 이야기다. 생각보다 빨리 잡힌 귀국 날짜를 말해줬더니, 요하네스와 웨이니는 한참 동안 대화를 나눴다.

나에게 줄 선물에 대해서 그때뿐 아니라, 나와 마주칠 때마다 '너의 선물을 무얼 해줘야 할까?' 하고 계속 고민을 했다. '한국 가면 겨울이니까 따뜻한 게 좋겠지?', '시장 가자!', '너의 엄마에게도 선물했던 예쁘고 도톰한 담요를 사주고 싶어!'

시장에 도착한 나와 웨이니는 옷과 담요만 짜서 파는 상점들이 모여 있는 곳으로 갔다. 한 곳, 한 곳 들어가서 둘러보고, 맘에 드는 색과 패턴이 있으면 꺼내서 보고, 가격 흥정도 하고. 하지만 웨이니는 썩 맘에 들지 않는지, 주인들과 실랑이만 했다.

웨이니는 내게 퀄리티가 좋은 담요를 선물해주고 싶었던 거다. 하지만 그 집은 문이 닫혀있었다. 웨이니는 내게 부탁을 했다. 문 열 때까지 조금만 더 기다려보자고. 아무거나 사주고 싶지 않다고. 몇십 분을 기다렸나.

그 집 주인이 점심을 먹고 돌아와 문을 열어주었고 들어가 보니, 정말 여태 봤던 집들과는 달랐다.

맘에 드는 패턴과 색을 발견했고, 주인은 그 자리에서

재봉틀을 잡고 마무리를 해줬다. 웨이니나 나나 맘에 든다는 눈짓의 사인이 오갔고, 사주는 사람이나 받는 사람이나 기분 좋게 들고 나왔다.

추운 겨울, 감기 걸리지 않고 따뜻하게 지냈으면 하는 요하네스 식구들의 마음이 새겨진 담요다.

너희도 공기놀이할 줄 알아?
초등학생 때 친구들과 즐겨 하던 공기놀이.
에티오피아에서도 학생들이 즐겨 한다.
한국에서 하는 규칙 그대로.
두 시간을 이러고 놀았다.

마지막 날이라 더 아른거리는 모습들.

웃어줘서 고마워
예쁜 미소를 보여줘서 고마워
너의 이 예쁜 미소를 잃지 말아줘

웃어줘서

고마워

에필로그

이륙과 착륙 중 나는 착륙이 설레는 사람이다. 비행기가 지나간다. 턴을 하고 저기 어딘가로 멀리 사라지는 비행기 혹은 공항을 향해 고도를 점점 낮춰 바퀴를 내리는 비행기, 목적지로 향하는 이륙하는 비행기 안에서는 설렘과 기대감은 있겠지만 잠깐 혹은 긴 시간 동안 아니면 이제 다시는 못 볼 사람과 떨어져 있어야 하는 아쉬움과 외로움이 있을 것이다.
목적지로 돌아와 착륙해서 땅을 밟을 때 새로이 만날 인연들, 다시 만나 반가운 인연들과 짧게는 며칠, 길게는 몇 년, 평생을 마주쳐야 하는 삶이 기대되는 알 수 없는 그 무언가가 설레는 것 같다.
두바이를 거쳐 한국으로 돌아오는 비행기 안, 평소 같았으면 비행 내내 기내식도 마다하고 단잠을 잤을 텐데, 열 시간 가까이 뜬눈으로 돌아왔다. 착륙을 준비하는 비행기 안에는 기지개를 켜는 승객들 사이로 묘한 설렘의 기류가 흘렀다. 나 또한 창밖으로 가까워지는 한국 땅을 바라보며 엉덩이가 들썩거렸다. 앞으로 펼쳐질 나의 미래가, 인연들이 너무 궁금해서.

에티오피아에서 1년을 통해 나는 여행하는 것과 살아가야 하는 삶은 확실히 다르다는 것을 느꼈다. '하루하루를 여행하는 것처럼 살자'라는 말도 있지만, 에티오피아 같은 경우는 다른 문화와 행동 양식 등으로 살아가는 것이 쉽지 않았다. 어느 순간 정신 차리고 보니, 이들을 배우고 섬기러 온 것이었는데 이들을 내 성격, 내 생활에 맞추려 했던 듯하다. 그때부터 조금 더 여유를 부렸다. 그리고 내가 그들에게 맞추려 노력했다. 그랬더니 내가 하루하루를 여행하는 것처럼 살 수 있었다. 순간순간을 놓치지 않으려 했고 스쳐 지나가지 않으려고 했다.

모든 것이 빨리 진행되는 한국의 시스템에 익숙해 있던 나는, 한국과는 달리 모든 것이 느리고 부족한 에티오피아에서, 내가 하고 싶다 해서 맘처럼 되는 게 없었고, 부족하지만 자유롭게 살아가는 에티오피아 사람들을 통해 내가 한국에서 집착하고 누리던 것들이 아무것도 아님을 깨달았다. 어쩔 수 없는 속수무책인 상황들에서 견뎌내는 인내 또한 배웠다.

세 번의 여행과 1년 조금 넘게 지낸 에티오피아에서의 시간이 나에게 어떤 의미일까. 분명한 것은, 그 시간은 그냥 스쳐 지나간 시간이 아니라 내 가슴에, 내 인생에 새겨진 시간이라는 것이다. 귀국해서 마주하는 현실을 살아가다 보면 자연스레 지난 기억들이 멀어져 갈 텐데, 인생에 새겨짐으로 인해 그 시간을 잃지 않고 돌이켜 보고 흔들릴 때 다시 일어설 힘이 되는 시간이라는 것이다.

에티오피아에서 버틸 수 있었던 건, 만남을 통한 시간이 있었기에 가능했다. 에티오피아에서 만난 현지 사람들의 작게는 사소한 도움들과 크게는 말동무가 되어주며 외국인으로 대해주는 게 아닌 '맹선아'로 대해준 것 그리고 사랑하는 두 번째 가족인 요하네스 식구들. 이들의 마음을 잊지 않고 나도 그런 사람이 되어야지, 어디서고 잊을 수 없이 고마운 사람이 되자고 마음 먹었다.

저의 사진과 이야기가 세상에 나올 수 있게 옆에서 많은 도움과 응원을 해주신 모든 분께 깊은 감사의 말씀을 드린다.

Special thanks to.
언제나 어떤 순간에도 나를 보호하시고, 두드릴 때 열어주시는 하나님께 영광을 올려드린다. 에티오피아를 선택해 가기까지와 그곳에서의 14개월, 귀국할 때까지, 이 책이 나올 때까지, 아니 나의 선택을 늘 믿고 응원해주는 고마운 우리 엄마에게도 사랑의 마음을 전한다.

단순하게 느리게 에티오피아
여행, 살아보는 거야

펴낸날	초판1쇄 인쇄 2017년 06월 15일
	초판1쇄 발행 2017년 06월 21일
지은이	맹선아
펴낸이	최병윤
펴낸곳	알비
출판등록	2013년 7월 24일 제315-2013-000042호
주소	서울시 마포구 동교로 18길 33, 202호
전화	02-334-4045
팩스	02-334-4046
이메일	sbdori@naver.com
종이	일문지엽
인쇄	한길프린테크
제본	광우제책

ⓒ맹선아
ISBN   979-11-86173-06-0 13980
가격   13,000원

「이 도서의 국립중앙도서관 출판예정도서목록(CIP)은 서지정보유통지원시스템 홈페이지(http://seoji.nl.go.kr)와 국가자료공동목록시스템(http://www.nl.go.kr/kolisnet)에서 이용하실 수 있습니다.(CIP제어번호: CIP2017014115)」

잘못 만들어진 책은 구입하신 서점에서 바꾸어 드립니다.
알비는 리얼북스의 문학, 에세이, 대중예술 브랜드입니다.
독자 여러분의 소중한 원고를 기다립니다(sbdori@naver.com).